从奥斯特瓦尔德谈物理化学

刘枫　主编

黄河出版传媒集团
阳光出版社

图书在版编目（CIP）数据

从奥斯特瓦尔德谈物理化学 / 刘枫主编 .—— 银川：
阳光出版社，2016.7（2022.05重印）

（站在巨人肩上）

ISBN 978-7-5525-2771-1

Ⅰ.①从… Ⅱ.①刘… Ⅲ.①奥斯特瓦尔特，
F.W.（1853–1932）– 生平事迹 – 青少年读物②物理化
学 – 青少年读物 Ⅳ.① K835.166.13–49 ② 064–49

中国版本图书馆 CIP 数据核字 (2016) 第 179097 号

站在巨人肩上　从奥斯特瓦尔德谈物理化学　刘枫　主编

责任编辑　贾　莉
封面设计　瑞知堂文化
责任印制　岳建宁

黄河出版传媒集团
阳 光 出 版 社　出版发行

地　　址	宁夏银川市北京东路139号出版大厦（750001）
网　　址	http：//www.ygchbs.com
网上书店	http：//shop129132959.taobao.com
电子信箱	yangguangchubanshe@163.com
邮购电话	0951–5047283
经　　销	全国新华书店
印刷装订	天津兴湘印务有限公司
印刷委托书号	（宁）0020153

开　　本	710 mm×1000 mm　1/16
印　　张	8.25
字　　数	132千字
版　　次	2016年7月第1版
印　　次	2022年5月第2次印刷
书　　号	ISBN 978-7-5525-2771-1
定　　价	35.80元

前　言

　　哲人培根说过："读史使人睿智。"是的,历史蕴含着经验与真知。

　　科学的发展是一个漫长的过程,一代又一代的科学家曾为之不懈努力,这里面不仅有着艰辛的探索、曲折的经历和动人的故事,还有成功与失败、欢乐与悲伤,甚至还饱含着血和泪。其中蕴含的人文精神,堪称人类科技文明发展过程中最宝贵的财富。

　　本系列丛书共30本,每本以学科发展状况为主脉,穿插为此学科发展做出重大贡献的一些杰出科学家的动人事迹,旨在从文化角度阐述科学,突出其中的科学内核和人文理念,提升读者的科学素养。

　　为了使本系列丛书有一定的收藏性和视觉效果,书中还汇集了大量的珍贵图片,使昔日世界的重要场景尽呈读者眼前,向广大读者敬献一套图文并茂的科普读本。

　　由于编者水平有限,加之时间仓促,疏误之处在所难免,敬请广大读者批评指正。

编者

目　录

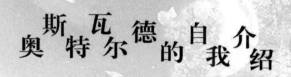

斯瓦德奥特尔德的自我介绍

最可怕的敌人，就是没有坚强的信念。

——亚里士多德

名句箴言

自我介绍

　　我是奥斯特瓦尔德，1853 年 9 月 2 日出生在俄国拉脱维亚首都里加的一个箍桶匠家庭，由于上学时对各种化学实验有兴趣，结果 5 年的学业花了 7 年才从当地实业学校毕业。22 岁时以论文"论水的浓度的化学作用"取得学士学位，24 岁时以论文"亲和势的研究"

获硕士学位,25 岁时以论文"容量化学和光化学研究"获博士学位。

1887 年,我从俄国移居德国,并加入德国籍,我在莱比锡大学当物理化学教授,在后来的科研过程中,我支持阿累尼乌斯的电离学说,并在电化学、化学平衡、催化剂作用等方面有独特的贡献,莱比锡大学为我造了一个物理化学实验室,聘请杰出的青年物理学家能斯特作助手。当时该实验室成为世界上物化的研究中心。人们亲切地称我为"俄国教授"。

我与范霍夫创办了《物理化学杂志》,共写书 77 种(其中译本 20 种),论文 300 多篇,论文摘要 4000 篇,书评 900 篇等。

事实上,我是"唯能论"的创立者,后来成为唯心主义的哲学家,我不相信原子论,遭到许多名化学家的批判,最后只好辞职隐居山村(列宁称他为"有名的化学家,但也是糊涂的哲学家"——编者)。

由于研究催化剂,我提出化学平衡和反应速率原理,发明电氨氧化剂—氧化氮的方法等,成绩卓著,故荣获 1909 年诺贝尔化学奖。

在第一次世界大战中,我有一件终身引以为憾的错事,即为德军提供用简易法获得氨并制造硝酸类炸药的方法,使德军在后期还苟延残喘一年多。

在"物理化学之父"奥斯特瓦尔德 72 岁高龄时,他已经从莱比锡大学退休将近 20 年了,开始撰写自传,在 3 年中写成了 1200 页之多,回顾他的一生。他既是一位思想敏捷的化学家,又是一位非常熟练的实验员、机械师和玻璃工,同时,还是一位哲学家和诗人。

奥斯特瓦尔德少年时代就对化学很感兴趣,从药房里买回化学药品制作焰火和炸药。还用几块透镜制作了一架简易的照相机,并且自制感光底板和照相纸,洗印出了许多照片。

1872 年奥斯特瓦尔德进入多尔帕特大学学习,1875 年大学毕业,获学士学位,1877 年又顺利地获得了硕士学位。此后,他致力于溶液的密度测定和热学性质的测量,经过六百次溶液密度的测定,计算出 12 种酸的亲和力,并以此为题写出了博士论文,于 1878 年获博士学位。

1882 年奥斯特瓦尔德担任里加大学化学教授,开始研究化学反应动力学,研究用酸作催化剂的乙酰胺的皂化反应和醚、甲基醋酸的水解反应,测定这些反应的反应速率。这些研究为 1901 年提出现代催化剂概念打下了基础。

1884 年后，阿累尼乌斯开始提出电离理论，他告诉奥斯特瓦尔德，溶液的导电性和奥斯特瓦尔德所研究的酸的亲和力具有一致性。于是，奥斯特瓦尔德利用阿累尼乌斯的电导法重新测定了酸的亲和力，发现电导法比密度法要好得多。实验的结果指出：对于一元强酸的溶液，随着溶液浓度的稀释，电导逐渐增大，当溶液无限稀释时，电导达到最大值。随后，奥斯特瓦尔德于 1888 年提出了稀释定律。

当阿累尼乌斯刚开始提出电解质的电离理论时，曾经遭到不少化学家的怀疑和反对。只有奥斯特瓦尔德和范霍夫积极支持这位年轻的学者。奥斯特瓦尔德还亲自到斯德哥尔摩与阿累尼乌斯会面，使

阿累尼乌斯

这位年轻学者受到很大的鼓舞。奥斯特瓦尔德研究了醋酸甲酯的水解和蔗糖的转化,以无机酸和有机酸作催化剂,他把从电导测出的每种酸对盐酸的相对强度和每种酸对盐酸的相对催化速率,分别与醋酸甲酯的水解和蔗糖的转化对照,发现电导的比值、醋酸甲酯水解速率的比值和蔗糖转化速率的比值都近似的等于氢离子浓度的比值。从这一实验结果可以看出,电离理论把酸的催化作用解释得一清二楚。反过来,奥斯特瓦尔德的实验恰好是电离理论的有力的实验证明。

奥斯特瓦尔德在他所写的教科书里和在讲课时,都积极地传播电离理论,并指出如何应用这一理论来解释各类化学反应,例如分析化学中所用的一些反应。奥斯特瓦尔德有许多美国学生,因此电离理论也在美国传播开了。

1887 年奥斯特瓦尔德开始担任莱比锡大学化学系主任和教授,从此开始了他科学研究生涯的黄金时代,他在莱比锡大学的研究所也成了世界物理化学的研究中心。

奥斯特瓦尔德自己对化学也很感兴趣,被化学界誉为"德意志的拉瓦锡",这是由于拉瓦锡创立了定量化学的基础;而奥斯特瓦尔德则介绍了化学反应的物理—化学本性,指出每一种化学现象都可以用热力学来解释,他曾说过:"毫无疑问,我们能够用热力学和 F. M. 吉布斯方程来解决问题。"

奥斯特瓦尔德所著的《分析化学基础》一书,对分析化学下了精辟的定义:"分析化学是试验物质和它们组成的工艺,在化学科学的应用上扮演了重要的角色,因为它解决了许多技术问题。"书中描述了不同物质的分离和鉴定方法,以及如何使沉淀的颗粒长大,以便于洗涤和过滤。

奥斯特瓦尔德将质量作用定律应用于电解质的电离。他引入了离解常数概念,指出 H_2A 类型酸的离解反应为:

$$H_2A \Longrightarrow 2H \cdot + A''$$

这个反应分两步进行:

$$H_2A \Longrightarrow H \cdot + HA'$$

$$HA' \Longrightarrow H \cdot + A''$$

第二步反应的离解常数比第一步小。

奥斯特瓦尔德研究了电解质之间的相互作用,提出在每一个反应中,总是形成最难离解的物质,于是他认为中和反应的结果是生成水。他说:"如果我们把强酸加到弱酸盐中,生成的盐几乎是完全电离的。如果往弱酸盐溶液中加入强酸,阴离子将与氢离子结合形成弱酸。如果过量的醋酸钠加到盐酸中,不仅生成弱酸——醋酸,而且过量的醋酸钠会抑制醋酸的离解,如果往这种溶液中加入强酸,氢离子浓度的改变是很小的。"上述观点就是缓冲溶液和缓冲作用的理论。

奥斯特瓦尔德还提出了溶度积概念,他指出在电解质的饱和水溶液中存在着一种平衡,固体物质与溶液中未离解的物质达到平衡,然后再与离解的部分达成平衡。由于固体物质的浓度是恒定的,因此溶液中未离解物质的浓度也是恒定的。如果离解出来的离子浓度是 a 和 b,未离解物质的浓度是 c,那么:

ab＝kc

在一定温度下,k 是一个常数,所以 kc 和 ab 都是一个常数,因此,与溶液中固体物质达成平衡的离子浓度的乘积就是一个固定的值,被称为溶度积。

奥斯特瓦尔德还研究过指示剂,他认为指示剂是一种弱酸,其他弱酸给出它们的氢离子,使指示剂改变颜色。酚酞的未电离的形式是无色的,它的离子是有色的;甲基橙的未电离的形式是红色的,它的离子是黄色的。在溶液中,甲基橙有一定程度的电离,所以显示出混合的颜色,当加入氢离子时,甲基橙的电离减弱,溶液变成红色。这些观点可以说是对指示剂变色作用的最早解释。

奥斯特瓦尔德于 1901 年发表了著名的现代催化剂概念。这一概念的提出是建立在下列四方面实验的基础上的:①过饱和溶液中结晶现象的催化作用;②均相体系的催化作用;③非均相体系的催化作用;④酶的催化作用。他提出:"催化现象的本质在于某些物质具有特别强烈的加速那些没有它们参加时进行得很慢的反应的性质。""任何物质,凡是不参加到化学反应的最终产物中去,只是改变这个反应的反应速率者,即称为催化剂。"他还指出催化剂只能加速反应平衡的到达,而不能改变平衡常数。

在对催化作用的深入研究的过程中,奥斯特瓦尔德成功地使氨在铂上氧化转变成一氧化氮,为现代硝酸工业发展奠定了基础。

奥斯特瓦尔德因为在研究催化作用上的贡献,获得1909年诺贝尔化学奖。

奥斯特瓦尔德还与范霍夫共同创办了《物理化学杂志》,从此以后,物理化学这一分支学科开始形成和发展,因此后人常称奥斯特瓦尔德是"物理化学之父"。

1906年,奥斯特瓦尔德从莱比锡大学退休,年仅52岁。退休以后,虽然曾经担任过哈佛大学客座教授,也从事过颜色理论的研究。但是,他大部分时间还是在风景优美的莱比锡附近的格罗斯伯登小村中过着隐居生活,并撰写自传。1932年4月4日,奥斯特瓦尔德因病逝世,享年78岁。

大师足迹——物理化学简史

名句箴言

杀了「现在」，也便杀了「将来」——将来是子孙的时代。

——《鲁迅全集》

献给新世纪的礼物
——伏打与稳恒电流

现在，人们的日常生活中离不开电池，它给人们带来的便利简直多得数不清。电池的原始雏形就是科学史上赫赫有名的"伏打电堆"。从某种意义上可以说，伏打电堆哺育了电磁学和化学、冶金学和光学等。

要了解电池的发明，我们还要从这位意大利物理学家伏打的经历说起。

亚历山德罗·伏打（1745—1827）是意大利物理学家。1745 年 2 月 19 日生在意大利科莫城的一个贵族家里。伏打从小就对电学感兴趣。19 岁时，他在家乡的城市里成为一名物理教师。1777 年，他由于科学研究的成就，而获取了帕维亚大学物理学教授的职位。1791 年，伽

伏打

伐尼发表了青蛙神经和肌肉切片试验的论文。论文发表后，引起了伏打的兴趣，于是，他重复了伽伐尼的试验，得出了自己的观点：电流不是来源于动物体，而是产生于两种不同的金属。

1793 年，伏打应邀参加了英国皇家学会的会议，这是一个群星荟萃的精英大会。来自欧洲各地的科学家汇集在伦敦伯明翰宫，交流他们的最新的科学发现，切磋他们的技艺。在科学家的心目中皇家学会的会议简直就是一个盛大的科学节日。

在去伦敦的旅途中，伏打结识了一位同去参加会议的伽伐尼教授。这位来自波洛尼亚大学的医生，显得固执神秘。

他对伏打说，伦敦会议要因他引起一场震动。伏打想问个究竟，伽伐尼只是神秘地对他一笑。他对随身携带的一罐青蛙的关心程度，远远超过同行的旅伴。伏打也无暇顾及身边旅伴，因为他还要思考验电器的问题呢。

伽伐尼

这位神秘莫测的旅伴没有说错，伐尼的发现真引起了伦敦会议的轰动。他用两块不同的金属片构成回路时，可以使死去很长时间的青蛙发生抽搐。有人夸张的认为，伽伐尼实验可以使死人复活。伽伐尼则认为他发现了存在于肌肉之内的"生物电"。

伽伐尼的青蛙实验实在太精彩，它把伏打迷住了，征服了，伽伐尼成了他心中的英雄。

在返回意大利的路上，两个人变成了无话不谈的朋友。他们一路无心观赏窗外的景色，只是不住地交谈着研究中的种种经历。伽伐尼告诉伏打他是怎样偶然发现青蛙抽搐，然后穷追不舍去研究。伏打却老在想那两块神奇的金属片。不管伽伐尼怎么说，他认为秘密就在金属片之间。他恨不得马上飞过阿尔卑斯山，回到帕多瓦的实验室，证实他的想法。

伏打坚信只有实验是永恒的，它不会欺骗任何人，然而，人们对于实验的解释则是可变的。

美丽宁静的帕多瓦，是个研究学问的理想之地。伟大的近代科学之父伽利略，在这里工作了 18 个年头，在帕多瓦他用望远镜开辟了一个新的天体世界，证实了哥白尼关于地球和天体运动的学说。工作在帕多瓦大学的伏打以此为警鞭策自己献身科学的座右铭。

伽利略

在帕多瓦大学自己的实验室里，伏打重复着伽伐尼的青蛙实验。见鬼，实验真的像伽伐尼说得一模一样，电流像是贮存在肌肉中的一样。伏打气恼地离开摆满物理实验仪器的桌子。

就在这时，伏打一抬头，看见了挂在墙上的那张画像。上面画着一幅戴着假发、神态安详明朗的半身像，他那英俊的面容中充满了刚毅的神气。在画像的白色底边上用法文写着题词："赠给我的学生和朋友留念"。旁边是漂亮的花体签名:安图瓦·罗朗·拉瓦锡。

看到老师那期待的目光,伏打的心立即平静下来,重新回到了桌子旁。

终于,经过上百次的试验,伏打渐渐发现了这样一个现象:用一根铜线作为一端,改换不同金属线做实验的另一端时,青蛙抽搐的激烈程度随金属不同而改变。银导线引起青蛙肌肉的强烈收缩,而在触到铁导线时,肌肉只是微微地颤动几下。

伏打心想,要是电流存在于肌肉中,改变金属时,青蛙肌肉的收缩不应该变化啊。这时,更换金属品种的青蛙实验坚定了伏打的想法,他因此认定电来自于金属,而不是肌肉。

这期间,伏打写信将实验结果告诉伽伐尼,不料竟引起了伽伐尼的批驳。一场产生于青蛙腿的科学论战就这样开始了。

科学论战也扩展了伏打的研究视野。有一天,他把实验中用的两条性质不同的金属线,改换为两条性质相同的金属线。实验结果使伏打大为吃惊:两条相同的金属导线构成回路时,并不能使青蛙肌肉抽搐。这一实验结果使伏打坚信,使青蛙肌肉收缩的能量,的确来自一种新的电能,但它不是由动物组织产生的,而是由两种不同性质的金属的接触产生的。

从此,伏打进行的实验性质发生了一个根本的转折。由过去重视青蛙肌肉收缩反应转向重视金属的生电性质。不久，他意识到，蛙腿肌肉的抽搐表明其中有电流通过，青蛙的反应在这里起着验电器的作用。

当时，电学仪器设备还很落后，仅有的电学实验仪器也都是用来研究静电的，伏打既没有电压表，也没有电流计，而用两种金属接触产生出来的电流又极其微弱，所以测量极其困难。

任何一个人要想从事科学研究，必须要具有研制实验仪器的动手能力，在科学时代的早期，这一点尤其重要。伏打使用当时的双叶式验电器根本无法测出电流的强弱。后来，他将自己设计的电容器加在验电器上，从而提高了验电器的灵敏度。他反复使用两种不同的金属相互接触，中间隔上湿的硬纸、皮革或其他海绵状东西，结果表明都有电能产生。

1799 年，全世界的人都在欢庆 19 世纪的到来。为了给新世纪献上一份厚礼，伏打加快了实验研究步伐。他制成一种不同金属片浸入盐水中的装置。不久，他又对这种装置进行改进，把许多圆形金属片和用盐水浸润过的圆形厚纸片，按照铜片、纸片、锌片……次序一个个叠起来，制成了"电堆"。伏打看到成对金属片和浸盐纸片堆得越高，产生的电流越大，所以把他发现的装置形象的命名为"电堆"。

伏打电堆是世界上最早的电池，它可以产生连续恒定的电流，为电学研究开辟了道路。

1800 年 3 月 20 日,伏打把关于电堆试验结果报告给英国皇家学会。在报告信中,他介绍了用几十对铜片和锡片中间夹有盐水渗透的纸壳所组成的电堆。后来,他通过多次实验,又发现把各种金属按着铝、锌、锡、铁、铜、银和金的顺序排列,用每两种金属组成电堆时,前面的金属带正电,后面的金属带负电。这就是伏打所发现的"接触电势差系列"。从此,全世界都知道了伏打和他的"电堆"。伏打所引起的轰动,是伽伐尼所不能比拟的。

各国物理学家得知伏打电堆构造后,纷纷开始研究电流的作用。在此过程中,伏打电堆也越造越大,越来越完善。在当时,哪一个物理学家的实验室中没有电堆,好像就不是一个物理学家似的。

1802 年,俄国物理学家彼得洛夫在彼得堡制成了最大的伏打电堆,此电堆由 4200 个锌圈和铜圈组成。同一时期,美国宾夕法尼亚大学的黑尔博士制成的大伏打电堆,产生的电力足以熔化金属。

1807 年,英国化学家戴维通过电解,发现了钾和钠两种新元素,轰动了世界。戴维还利用伏打电堆发现了电弧,制成照明用的电弧灯。这种碳极电弧灯,在 19 世纪 70 年代白炽灯问世以前,一直作为电光源。

新世纪,新气象。荣誉和报喜的信件像雪花一般朝伏打飞来。面对成堆的信件,伏打想起了巴黎之行的情形。

法兰西共和国第一执政官波拿巴·拿破仑将军，盛情邀请著名的意大利教授伏打来法国科学院演示他的发明——伏打电堆。

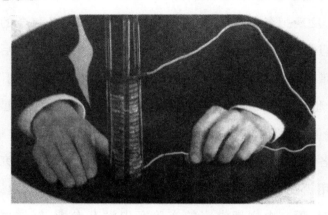

伏打演示伏打电堆

1801年12月21日晚8时，要在科学院举行伏打教授的演讲会。法兰西第一执政官、外交部部长、国防部部长和科学院的院士们都欣然前来聆听这次演讲。

当伏打教授出现在演讲大厅时，雷鸣般的掌声刹那间使他心怯气喘。演讲开始以后，绝大多数人都怀着惊讶好奇的心情倾听着教授的每一句话。从伽伐尼实验转到伏打电堆上来以后，演讲出现了高潮。

伏打将自己用金属片制成的电堆放在桌子上，请热心的听众们走过来碰一碰正负极，触到正负极的人们开始像青蛙一样抽搐起来；当伏打用连接在极板上的导线碰一些人的眼皮时，这些人的眼里就开始出现五颜六色的光环；有人用舌头舔了舔导线,觉得有一股酸味,耳朵里却听到了一阵鸣响。

在巨大和神秘的力量面前,一种不可思议和含混不清的恐怖笼罩着所有的与会者,听众已无暇顾及伏打的演讲了。当波拿巴·拿破仑拉着伏打走向讲台一侧,他们才清醒过来。

"伟大而神秘的自然界的帷幕被天才揭开了一角,对他们仅仅赞赏是很不够的,应该使他们得到奖励。因此,我宣布为电学领域中天才的发明者们设立 20 万法郎的基金。第一笔奖金就授予伟大的亚历山德罗·伏打教授。"大厅里响起了赞许的掌声。

面对巨额奖金和如雷的掌声,伏打并不为所动。他想,大自然有多少奥秘等待人们去揭开。在自然界的面前,人类还是一个不懂事的孩子呀!想到这儿,他又穿上实验工作服,回到他的实验室去了。

伏打一生中发明了很多仪器,也获得很多的荣誉和奖励,是许多国家的科学院院士,拿破仑曾授予他侯爵的称号。伏打还被任命为意大利王国上议会的议员。1827 年 3 月 5 日他在故乡科莫去世,享年 82 岁。为了纪念伏打在电学方面所做的贡献,人们把电压的单位命名为伏特。其定义是:在电路中两点间通过电流 1 安培时,如果在 1 秒内作功为 1 焦耳,那么这两点间的电压规定为 1 伏特。

劳动却是产生一切力量、一切首先和一切幸福的威力无比的源泉

——拉·乔乃尼奥里

名句箴言

世界在电流下分解
——戴维与碱金属元素

戴维切断电源，小心翼翼地用钳子夹起热坩埚，一次又一次地把它的底部触及水面，进行冷却。隔了好一会儿，他确信坩埚已经充分冷却，才谨慎地把坩埚里的物体倒进一个盛着水的大杯子里。

水突然沸腾起来。气泡发出咕噜咕噜的响声。

顷刻之间,大水杯猛烈燃烧起来,几乎同时发出了震耳欲聋的爆炸声……

实验室附近的人们闻声赶来,只见戴维躺在地板上,双手捂着淌血的面孔。实验用品炸成碎片,一片狼藉……

医生迅速赶来。幸好戴维的伤势不重,只是玻璃杯的碎片刺伤了这位著名化学家的脸。

这是1807年英国化学家汉佛莱·戴维进行化学实验失败的一幕。

1778年戴维生于英国南部的彭赞斯。他17岁开始在一家药店当学徒。18世纪末,欧洲的药店实质上就是一个业余化学实验室。因为当时的医生和药剂师都相信只有化学能够制药。戴维利用学徒的业余时间自修化学。还不到20岁的时候,他就成了远近知名的"笑气专家"了。

原来,布里斯托尔的贝多斯博士成立一个气疗诊所,利用氧气等各种气体治疗疾病。他让戴维负责用化学方法制取各种气体。

戴维承担的第一个任务,是研究一氧化二氮的特性。于是,一连串可笑的事发生了。

一次,戴维制取了很多一氧化二氮,装在几个大玻璃瓶里,放在地板上。这时贝多斯博士走进了实验室。两人热烈地交谈起来,博士扬起胳臂不小心碰倒一个铁三脚架,砸碎了装着一氧化二氮的瓶子。

"请您原谅我。"博士很难为情,弯下腰来亲手收拾玻璃碎屑。戴维也急忙蹲下帮忙。这时,他看见博士的两只眼睛由于惊异而睁得大大的。一向以孤僻和冷漠而闻名的贝多斯博士,突然带着令人费解的微笑盯着他。

"汉弗莱,您太爱开玩笑了。您怎么可以把铁架子同玻璃器皿放在一起呢?它们相互碰撞起来的声音多么响啊!"接着,他哈哈大笑起来,笑声震撼了整个实验室。

"的确,真是一件令人开心的事。"戴维望着贝多斯博士也大笑不止。

这两位学者面对面地站着,笑得前仰后合。这种不寻常的喧哗,引起了隔壁实验室助手的惊奇。他推开门,站在门边愣住了:"你们怎么啦?莫非犯精神病了?!"话音刚落,他也禁不住大笑起来了。

不久贝多斯博士实验室出现了狂笑症的消息传到了镇上。博士陷入了窘境。事后,经过戴维的反复认真地研究,才发现狂笑不只是由一氧化二氮引起的。于是,他发现了一氧化二氮的新性质。从此以后,人们称一氧化二氮为"笑气"。戴维也因此成为"笑气专家"。

戴维同19世纪早期许多化学家一样,出身贫困,掌握化学知识完全靠自学。有一天,戴维看了贝多斯博士带来的科学期刊《皇家学会会报》,他的注意力集中到英国化学家尼柯尔森和卡莱尔发表的论文《论利用电池电流分解水的方法》

上。戴维被这项工作吸引住了。他想,既然两位化学家用电流可以分解水,那么电流也一定能够分解其他物质。从此,戴维投入电流与物质相互作用的研究中去。他用电解法发现了钾、钠元素。后来他又分离出钡、锶、镁、硼等新元素。戴维创立了电化学,尽管当时英法两国处于敌对的战争状态,拿破仑还是破例向他授了勋章。

戴维的科学生涯是在巨大的荣誉、鲜花和掌声中度过的。戴维迁居到伦敦以后不久,就赢得了杰出演说家的声誉。戴维的讲演尽管内容全都是关于科学方面的,但讲演形式活泼,语言诙谐,生动有趣,在很短时间内,戴维就成为伦敦风靡一时的新闻人物。人们争先恐后地、怀着敬慕的心情来听他的讲演。

1807 年,戴维用伏打电池产生的强大电流,分解了以前被认为是不能分解的碱类。他在这年的 10 月上旬分离出了钾单质体,不久又分离出纳金属单质。由于钾、钠都是极其活泼的碱金属,遇水能产生强烈的爆炸,所以戴维在电解分离它们时,多次发生爆炸事故。有时白金勺里的东西全部炸飞,有时留下一些较大的金属颗粒。

人们风闻戴维发现了重大的自然奥秘,都期待、渴望着戴维的下一次科学讲演。然而一次由于爆炸的伤害和过度的疲劳,戴维病倒了。戴维的病情日渐严重,似乎到了濒死的边缘,这更加提高了他的名声。诸如王公贵族等上层显赫要人,十分关心他的健康,每天向社会公布他的病情。一些名医不要报酬,主动前去诊治。经过 9 个星期的精心治疗,戴维的病情才有了好转。戴维痊愈后,立即投入新的科学研究。

有一天,戴维正忙于实验,皇家学会的干事伯纳德爵士闯了进来。

"祝贺您,戴维先生。"

戴维迷惑不解地瞧着这位爱好科学的贵族爵士。只见他拿出一个纸片读了起来:

"拿破仑皇帝发布一项命令,授予英国科学家汉弗莱·戴维奖章,以表彰他在电学以及化学方面建立的功勋。"

"的确,这是很高的荣誉。"戴维抑制不住内心的喜悦。

"授奖仪式将在巴黎进行。"

"可是,我们同法国在打仗呀……"戴维感到困惑了。

"是的,皇家学会的全体成员都认为你不应当接受奖赏。"伯纳德爵士说道,"我们没有权利从敌人手中接受奖赏。但是,我们感到自豪的是,甚至连敌人也承认我们的成就。这是您的成就,戴维。"

"我不同意您的意见,伯纳德爵士。"戴维神情严肃起来。

"我是为科学、为人类工作的。我认为即使两国政府之间进行战争,科学家之间是不应进行战争的。相反,应当通过科学家的合作减少战祸才对。"

戴维不顾反对，毅然去了法国。

巴黎凡尔赛宫，典礼大厅布置得富丽堂皇。在这里为戴维举行了隆重而盛大的授奖仪式。法国科学院还赠与戴维3000法郎的奖金。拿破仑皇帝向他授了勋章……

戴维，刚满35岁，已是举世闻名的大化学家了。他受到了欧洲科学界的尊重。戴维既是科学大师，又是慧眼识英才的伯乐。1812年，他推荐法拉第为皇家学院实验室的实验助手。后来法拉第成为19世纪最杰出的实验科学家。这是与戴维的帮助分不开的。人们感慨地说，在戴维的许多发现中，最伟大的发现就是发现了法拉第这位伟大的科学英才。

戴维的一连串的科学发现，成为19世纪上半叶鼓舞人们前进的强大力量。

1811年，戴维用一组由2000个电池联成的大电池制造了碳弧电极。它在19世纪70年代白炽灯问世之前，一直作为电光源供人使用。1813年，戴维在法拉第的协助下，只用了一周时间，就发现并

法拉第

且测定了元素碘。1814 年他又预言了氟元素单质的存在。1816 年为了避免煤矿工人因瓦斯爆炸而造成的伤亡,戴维发明了矿工佩用的"安全灯"。矿工们从此可以摆脱一些致命的危险。

　　戴维的科学实践横跨了物理学和化学两大领域,在电学及化学元素发现方面作出了重大贡献。戴维一改 18 世纪那种以经验为主的逐步改进的方法,转向以科学原理指导技术革新的科学技术发展新方向。19 世纪初,正是产业革命兴起之时,戴维的科学实践在社会经济发展与进步方面显示出科学的实际意义,从而为提高科学的社会地位做出了榜样。戴维时代,由于科学发现的巨大社会作用,使科学家的社会地位有了明显的提高。科学技术成了社会经济发展的主导因素。

名句箴言

劳动永远是人类和不知的基础，是他造就人类文化幸福的基础。

——马卡连柯

来自曼彻斯特的骄傲
——道尔顿与原子论

从伦敦出发沿泰晤士河西行，经牛津、过布利斯托尔再一直北上 225 公里，就到达了英国著名的城市曼彻斯特。这座英雄的城市曾经享有一系列世界第一的盛誉：它曾经作为英国工业首府，也是世界第一个近代工业城市，被称作"维多利亚工厂"。1842 年，焦耳在这里第一个证明热与机械功之间的转换,找出了著名的"热功当量",伟大的无产阶级革命导师恩格斯曾在这个城市里工作多年,写下了名著《英国工人阶级状况》。道尔顿和原子论的故事也发生在这享有盛誉的曼彻斯特。

1844 年 8 月的一个礼拜天。曼彻斯特市政厅作出决议,给一个普通市民以该市公葬市民的荣誉。他的遗体安放在市政厅鲜花翠柏丛中,4 万多市民(当时曼彻斯特市有 40 万人口)络绎不绝地前往致哀吊唁。举行公葬时有 100 多辆马车随行送葬,哀乐悲天动地,行人驻足行注目礼。从市政厅到阿尔德维克墓地的路上,成百上千人徒步跟随,沿街商店都自动停止营业,以示悼念。

一个普通市民为什么获得如此巨大的殊荣,他的逝世为什么给曼彻斯特市民带来了如此极大的悲痛,这个普通市民是何许人也?且听下面慢慢叙述。

18 世纪后半期英国经过产业革命,工业、商业、农业和技术等有了长足的发展,因而促进了自然科学的进步。

获得世界名城曼彻斯特人们尊敬的约翰·道尔顿于 1766 年 9 月 6 日出生于英格兰北部巴兰州一个穷乡僻壤。父亲是一个兼种微薄土地的织布工人,以半工半农维持一家人的贫困生活。小道尔顿不像幼年的拉瓦锡受到无微不至的爱护和照料,他在教会学校勉强接受了几年初等教育,但终因家境窘迫而中辍自学。当时他们村里有一位穷亲戚叫鲁宾逊,是英国农村少见的自然科学爱好者,经常以简陋的仪器独自进行气象观测等科学研究。鲁宾逊很赏识少年约翰的才华,自愿无偿教给小约翰数学、物理等知识。后来,道尔顿在家乡附近小镇学校听课,不久由代课、助理,变成了学校的老师。他在担任繁重的教学任务之余,还自学深入钻研了

道尔顿

自然科学知识。另外,道尔顿还受到镇上一位盲人学者的帮助,跟他学习了希腊文和拉丁文。

　　道尔顿听从鲁宾逊和盲学者的劝告,自21岁就开始进行气象观测,养成了精确、勤勉和一丝不苟的科学态度。直到道尔顿临终前一天,他还坚持气象观测,整整坚持了57个年头,没有耽误过一天,一共观测2万次以上,记录数据十几万个。后来,道尔顿27岁时由盲学者介绍到曼彻斯特学院担任数学与物理教师职务。当时,道尔顿对化学比较陌生,一次偶然机会他承担了讲授这门课的任务。他采用一边学一边教的方法倒也还能应付过去。那时他的主要兴趣是气

象学研究。一直到他而立之年时,有一次听了一位著名化学家的讲演以后,道尔顿突然对化学产生浓厚兴趣。由此可见,道尔顿成为一个化学家可以说是属于半路出家的。

道尔顿迁居曼彻斯特市不久,被推选加入"曼彻斯特文学科学协会"地方性学术团体,他除了在学院任教之外,因教师年俸太低,还得利用业余时间担任家庭教师。由于授课时数多工作紧张,常常影响他的科学研究工作。最后,经过深思熟虑,他决定辞去学校教职,以个人开课的微薄收入为生。道尔顿 33 岁时辞去学院职务以后,一直再未在任何学校任职。他过的是朴实无华的隐居式的生活,既不担任公职也不愿高居显赫的地位,终生乐于做一名平民科学家。

晚年,道尔顿赢得了巨大的荣誉,进入了世界最优秀的科学家的行列。一天,一个学生问起老师是怎样获得成功的,有什么秘诀?道尔顿说:"如果说我比其他人获得了较大成功的话,那主要是——不!完全是不断勤奋地学习钻研而来的。有的人能够远远地超越其他人,与其说他是天才,不如说是由于他能够专心致志地坚持学习,具有不达目的不罢休的那种不屈不挠的精神。"

当人们高唱祝福歌跨进 19 世纪的门槛时,道尔顿集中注意力研究有关气体物理性质,此后相继发表了几篇有关的实验研究报告,确立了"气体的热膨胀定律"以及"混合气体的分压定律"。通过气体研究再加上法国化学家贝托雷与普鲁斯特围绕定比定律的激烈争论吸引了道尔顿,使他转向从气体的角度来研究原子论问题。

距今大约 2500 年前,古希腊是一个文明智慧的国度,在各个城邦里都有才智过人、聪明好思的哲人。他们探究着人间的一切奥秘。其中古希腊哲人们提出问题最具有本质意义的就是:"万物是由什么东西构成的",很多人建立了不同的答案。生活在米利都的古希腊哲人泰勒斯认为"万物是由水构成的";住在爱菲斯的古希腊哲人赫拉克利特认为"万物是由火构成的";毕达哥拉斯认为"数构成了万物";埃利亚的色诺芬尼认为"神创造了万物"。人们对这些答案都感到不满意,直到生于阿布德拉的古希腊学者德谟克里特继承和发展了他的老师留基伯原子和虚空的观点以后,问题才逐步开始明朗化了。

他们提倡的原子学说,就是认为"万物是由不可再分割的粒子组成的",它们在虚空中运动、发展和变化。"原子"(来源于古希腊语 atomos)原意就是不可再分割之物。这一学说受到欧洲中世纪封建时代的扼杀,直到文艺复兴才重见天日。道尔顿以前的科学家也用过原子论来解释化学变化及其现象。道尔顿正是在这一基础上做出了自己的创造。他对原子论的贡献主要体现在,提出了原子量概念,第一次使原子通过原子量与具体的化学实验结合起来。

道尔顿主张不是深思熟虑的东西决不草率发表。1804

年夏,当汤姆生到他寓所来访时,道尔顿乘此将他的原子学说对汤姆生做了说明,英雄所见略同,对此汤姆生对道尔顿的工作大为敬佩。汤姆生在化学界热心宣传道尔顿的原子论,并在 1807 年出版的著作《化学体系》中介绍了道尔顿的观点。学术界从此热闹起

汤姆生

来了。许多人赞扬道尔顿的理论,也有人误解了道尔顿的理论。1808 年,道尔顿发表了《化学哲学新体系》一书的第一卷。该书是科学史上的一部经典著作,详细阐明了原子理论,论述了原子理论的许多具体应用。道尔顿使用了独特的象形原子符号,简明形象,一目了然,很多人由此踏入了原子世界的大门。

道尔顿的原子论由于得到定比定律和倍比定律的强有力支持,很快像春风一样吹遍了科学界,在化学家中引起了强烈轰动。贝托雷与普鲁斯特的争论,在原子论的观点上看,一切迎刃而解。道尔顿原子论不同于古希腊的原子论,它是建立在实证科学及实验基础上的正确理论,而古希腊原

子论则是天才的猜测和主观的臆想。原子论的确立奠定了道尔顿在科学史上的不朽地位。

当时，在科学界反对道尔顿原子论的也大有人在，其中包括大名鼎鼎的戴维、贝托雷，他们主要在原子量还不能精确测量上做文章，进而反对使用原子论。道尔顿与他们进行了针锋相对的论战。虽然道尔顿总是占上风，但很多地方却说服不了反对者。道尔顿所处的时代还不可能精确地测量原子量，这要等到 20 世纪 30 年代才彻底解决了这一问题。后来精确测量原子量的任务由一代化学大师贝采里乌斯完成。

当道尔顿作为近代原子学说的创始人，早已闻名天下之时，英国皇家学会却未选他为会员。无疑是作为皇家学会台柱子的戴维从中作梗。常言道，墙里开花墙外香。道尔顿在英国之外已经赫赫有名之后很久，其中法国科学院等国际学术机构给予他极高荣誉之后，皇家学会才批准道尔顿成为该学会的会员。

道尔顿原子论的建立给科学发展指明了方向。在此之前，化学研究者像一个游荡的牧羊人，漫无目的地前进。现在一切都有组织、有计划地进行，像一个勇敢的团队集中力量攻破敌人堡垒。道尔顿及其原子论就是战略总指挥。

道尔顿原子论正式发表的第三年，意大利科学家阿伏伽德罗提出了分子论，补充和完善了道尔顿原子论的科学体系,最终人们统称为原子—分子论。它成为整个 19 世纪科学发展的核心,也是 19 世纪科学家奉献给科学大厦精美的构件。

另外,道尔顿还是色盲症的发现者。

一天,道尔顿正在"曼彻斯特文学科学协会"实验室里做实验。一个同伴说:"道尔顿先生,请帮我拿一个红色的标签来。"道尔顿从标签箱里拿出一个顺手递给了同伴。"开什么玩笑,我要一个红色标签。行了,你忙吧。我自己来拿。"

同伴把道尔顿拿出来的标签放回箱里,又重新拿了一个标签,走了。道尔顿惶然地凝望着同伴离去的背影,发起呆来。这样类似的事发生已经不是第一次。晚上,他又失眠了。他耐着性翻身看起书来。看着看着,他回想起一个月以前发生那件令人难堪的事件。

有一次,道尔顿按照教学要求用红、蓝、黄三种颜色,绘制一幅曼彻斯特地区气象图,花费了整整两个晚上才画好。第二天上课时,他指着红色区域告诉学生这些地方雨量充沛,所以用红色标识,十分醒目。不一会儿,他发现学生们窃窃私语、交头接耳……道尔顿以为自己说错了什么,大声强调了一遍。结果,全班同学哄然大笑起来。在道尔顿允许下,一个学生站起来说:"教授,你一定太累了。你把绿色说成红色了,所以大家笑了"。道尔顿说,本来就是红色的,怎么成了绿色的。结果,师生争论起来,引起了很大的不愉快。

"难道我的眼睛看花了。"道尔顿为此做了一些实验,结果果真发现自己是红绿色不分。从此他对这种症状进行了多方面的调查研究,他的研究结果发表后,引起社会上对色盲问题的重视。直到今天,英国人仍然把色盲称为"道尔顿症",以示纪念道尔顿发现色盲症。

作为曼彻斯特的普通市民,道尔顿为该市带来了巨大的荣誉。在国际科学领域特别是化学界,曼彻斯特的道尔顿成了智慧的象征。各国留学生和游览者像潮水一样慕名而来,向这位伟大的科学家、学者求知和致意,形成了广泛的学科学、爱科学的社会风气。曼彻斯特市民也以继承前人的传统,钻研科学以及各种学问而自豪。曼彻斯特大学现在仍是世界一流的名牌大学。

道尔顿原子论的确立使人类科学,特别是在微观领域中的变化规律,能够得到精确地概括。古希腊哲人曾经把原子称为"宇宙之砖",认为不可再分割的原子是构成万物的基本要素。然而,宇宙之砖是如何构成精美的世界,他们不知道。道尔顿原子论确立以后,科学进军日益深入微观原子世界。卢瑟福通过实验发现了原子核和电子;查德威克发现了中子;汤川秀树又发现介子……沿着道尔顿指引的方向,人们开发出化学能、原子能和核聚变能,变革着现代社会,进入了名副其实的"原子时代"。

道尔顿终身未娶,把一生奉献给科学事业。最后一篇气象日志是他临终前几小时记下来的。道尔顿的原子学说像磁石一样吸引了一大批优秀化学家。除了上面介绍的贝采利乌斯外,还有法国化学家盖－吕萨克、意大利化学家阿伏伽德罗、康尼查罗等人,他们都是通过研究原子问题,登上科学高峰的。

道尔顿一生不知疲倦地跋山涉水,进行气象观测,不辞辛苦地忙碌操作,从事科学实验,探索自然界的奥妙,乐此不疲。77 岁时他像婴儿入睡一样静静地长眠了。

如今 100 多年已经过去了。曼彻斯特市民仍然崇敬道尔顿。在曼彻斯特市市政厅主楼大厅左侧,放着 90 多年前竖立起来的道尔顿等身大小的白色大理石雕像。连接市政厅前面阿尔巴特广场的商业街,至今还叫作约翰·道尔顿大街。1962 年曼彻斯特市教育委员会通过决议,将市立大学工学院命名为道尔顿工学院。并将原来在市中心矗立有 100 多年历史的道尔顿铜像,迁至道尔顿工学院新建现代化教学楼主楼前。绿草如茵,鲜花盛开,环绕着道尔顿铜像的一泓清澈透明的池水,辉映着天空中的白云。道尔顿的双眼平静地凝视着前方,像是展望着科学发展的未来,也像是欣慰地看着科学后来人的茁壮成长。

过去属于死神，未来属于你自己。

——雪莱

名句箴言

惊心动魄的爆炸
——诺贝尔与炸药

1864年9月3日。瑞典首都斯德哥尔摩。

早晨，太阳刚刚升起，淡淡的月牙还没有消逝，熙熙攘攘的人群已经开始活动，清晨的静谧顿时变得无影无踪了。突然，如同平地一声春雷，震得人们耳朵根子发麻。远处，教堂钟楼的大块玻璃，轰然坠落粉碎。人们感到地面在颤动，许多人都以为发生了地震，胆小的人纷纷祈祷上帝保佑⋯⋯

诺贝尔

原来是住在斯德哥尔摩城东的诺贝尔家族住宅附近，发生了一场罕见的爆炸。随着一场巨响，属于诺贝尔家族的大平房实验室，变成了一片瓦砾。从事实验的 5 个人全部死于非命。老诺贝尔的小儿子埃米，也在这次爆炸中丧生。炸药的爆炸力是人们从未见过的。

当局公布爆炸情况时，城内的百姓们气愤致极，简直要造反了。原来，是诺贝尔一家正在研究一种爆炸力极强的硝化甘油，因操作不慎引起爆炸。谁愿意躺在炸药桶旁边睡觉呢？愤怒不已的邻里们简直要将诺贝尔一家扫地出门。市政厅当即发布命令，禁止在城里搞实验，否则将驱逐诺贝尔一家。

面对这种境况，在爆炸中炸成重伤的老诺贝尔，急火攻心，成了半身不遂。诺贝尔兄弟四人，幸免于难的三兄弟，服侍父亲睡着之后，开始在客厅中激烈地争论起来了。

"为了全家人的性命,还是放弃这该死的实验吧!"胆怯的老二心有余悸。

"我们必须坚持到成功,否则埃米白死了。父亲会恨我们一辈子的!"老三坚持绝不退让。诺贝尔先生的三儿子,就是后来人们熟知的阿尔弗莱德·伯哈德·诺贝尔,他是诺贝尔奖的伟大创立者。

在阿尔弗莱德的坚持和劝说下,三兄弟决定齐心合力,继续把有关炸药的研究进行下去。

既然政府明令禁止在城里制造炸药,他们只好把研制炸药的设备搬到距斯德哥尔摩较远的马拉湖面的一只平底船上。人们都说诺贝尔一家全疯了。其实,诺贝尔一家是热衷于科学技术,沉浸在炸药研究中的发明家族。从老诺贝尔开始,这个小工厂主就献身于技术发明,直到阿尔弗莱德创立不朽的诺贝尔奖金。诺贝尔家族历经磨难,千辛万苦,为科学事业做出了卓越的贡献。

诺贝尔家族正处于欧洲从手工业工场向大机器生产过渡的蓬勃发展时期。从父亲到儿子,无愧于那个需要巨人,但更需要产生巨人的伟大时代。

19世纪的欧洲,社会发展进步的速度很快。由于瓦特蒸汽机的日益普及,各国煤和铁的需要量急剧增加,到处都在挖煤找矿,矿业需要更强有力的工具。技术的广泛应用,又造成了各国之间实力的差距,为争夺资源和市场,往往又爆发一系列战争，军事上也要求制造强有力的武器，这就促使和吸引了许多化学家研制炸药。

炸药原产于中国。远在公元六七世纪的唐朝，中国人

瓦特蒸汽机

就用硝、磺、炭三者配合，制成了黑色发火药。后来，通过蒙古游牧民族的征战和丝绸之路的传递作用，制造火药的配方传进了欧洲。中国黑火药威力小，满足不了 19 世纪欧洲社会发展的需要。但是它启迪人们研制新的高效炸药。

1837 年，法国化学家贝罗兹用浓硝酸处理棉花时，得到硝化棉。当这位化学家无意之中将硝化棉丢入火中时，猛烈的燃烧险些把整幢房子付之一炬。

1847 年，意大利化学家索布莱洛，偶然把制造肥皂的副产品甘油与浓硫酸和浓硝酸混合时，得到了一种油状透明液体，即硝化甘油。有一次，他将一滴硝化甘油放在试管里加热，发生了强烈爆炸，炸伤了他的手、脸，实验室内其他人也受了伤。他没有意识到这是一项伟大的发明，却苦恼于它经常发生爆炸而无法测定其化学成分。不久，他把自己的发现搁置起来了。

19 世纪 50 年代，诺贝尔一家接过了研究炸药的旗帜，最先驯服了烈性炸药。

老诺贝尔是一位甘于献身科学技术的发明家。当他在瑞典苦心经营的小工厂，毁于火灾之后，他便远离祖国和妻儿，到俄国寻求生路。在俄国，老诺贝尔惨淡经营，从事机械发明和研制炸药。他的研究成果受到俄国各方面的赏识，但俄国皇室的政治动荡，又使他好景不长，事业难以为继。

年近 60 岁的老诺贝尔重新回到瑞典后，重整旗鼓，和他的三个儿子一起研制炸药。父亲不屈不挠的性格，被他的儿子阿尔弗莱德所继承。当阿尔弗莱德看到硝化甘油具有威力无比的爆炸力时，就决定认真研究这种炸药，将它用于矿山开凿和运河挖掘等工程建设上去。从此，阿尔弗莱德·诺贝尔的一生，就与不断地爆炸结下了不解之缘。

阿·诺贝尔第一次见到硝化甘油，是在俄国的彼得堡。当时，俄国化学家齐宁教授，向前来讨教的诺贝尔父子，演示了硝化甘油的爆炸性。当看到很少很少的硝化甘油在锤击下发生猛烈爆炸时，诺贝尔对这种物质留下了极深的印象。

但是，要想控制硝化甘油的爆炸，首先必须要发明引发装置。经过研究，诺贝尔发现要使硝化甘油爆炸，必须把它加热到爆炸点或以重力冲击。1862 年，诺贝尔用火药引爆硝化甘油获得成功。诺贝尔先把硝化甘油装在玻璃瓶里，再把装满火药的锡管放入，然后装进火引信。

另诺贝尔终生难忘的是那最早的一次安全爆炸。清晨，小河畔还弥漫着白茫茫的雾气。诺贝尔兄弟三人一起来到小河边，由阿尔弗莱德点燃导火索，然后丢入水中。猛然间，一声刺耳的金属爆裂声轰然鸣起，接着河水冲起几丈高，地面颤抖起来。首次爆炸证实了其爆炸力远大于一般火药，成功使诺贝尔坚定了研制烈性炸药的决心。可是，随后不久的猛烈爆炸（我们开始看到的那一幕），使他们失去最小的弟弟埃米，并且被迫迁移到湖上小船中进行实验。

后来，诺贝尔利用雷酸汞具有稍经打击或震动立即爆炸的敏感特性，制成了引爆装置——雷管。一天，诺贝尔在马拉湖岸边进行引爆实验。远处观望的人们亲眼目睹了诺贝尔从死神手中挣脱的情景：敏捷的诺贝尔刚刚轻手轻脚地把实验装置安装完毕，转身回走，还没有走开多远，"轰"的一声冲天巨响，炸药掀起了浓重的黑烟、尘土。人们都以为这回诺贝尔肯定完了。可是，谁知满脸血污的诺贝尔，却出人意料地从硝烟中跑了出来，兴奋地喊道："雷管试验成功了！"

有了引爆烈性炸药的雷管，诺贝尔开始生产硝化甘油。社会对烈性炸药的迫切需求使诺贝尔工厂的产品供不应求。然而，一连串的意外大爆炸，又使诺贝尔面临绝境：硝化甘油遇到剧烈震动，就会引起爆炸。当时人们对炸药的危险性十分无知。随意处理硝化甘油，而不知死神正伴随自己。不久，报警的信函雪片一般涌向诺贝尔。

1865年12月，一位德国商人带着10磅硝化甘油，住进纽约市的一家旅馆。硝化甘油突然爆炸，把路基炸出一米多深的深坑，市民为之谈虎色变。

1866年3月，澳大利亚悉尼，一家货栈因贮存两箱硝化甘油引起爆炸，一声巨响，片瓦皆无。

1866年4月，大西洋上的"欧罗巴号"轮船，因载硝化甘油爆炸而沉没海底，玉石俱焚。这些相继发生的惨祸，不仅导致数百人死亡，而且迫使各国政府下令禁止运输、制造和贮存硝化甘油……

于是，形势急转直下，人们恐慌、怀疑、抵制和咒骂的话语向诺贝尔涌来，大有黑云压城城欲摧之势。坚毅的诺贝尔本人也为之焦虑和不安。但是他没有像发现硝化甘油的索布莱洛那样痛悔不已、手足无措，只去向上帝祈祷宽恕。他坚信新炸药的这些缺点一定可以克服，它的优越性一定能为工业发展带来极大的益处，眼前的困难一定能够克服！

怎样才能解决烈性炸药的安全性问题呢？

经过日夜奋战，诺贝尔想出了两种安全措施，最终解决了硝化甘油的安全性问题。一个方法是在液体的硝化甘油中加入甲醇液体，用时再分离出来。这种方法比较复杂费事。另一个方法是利用固体物质吸收硝化甘油。诺贝尔试用了木炭粉、木屑、水泥、砖灰等物，并做过多次爆破试验，以判定其效果。最后他决定选用一种产于德国北部的多孔的硅藻土，因为它吸收力强，化学性能稳定。

运用硅藻土吸收硝化甘油的方法，诺贝尔制成了固体炸药。试制成功以后，诺贝尔亲自去各处表演，用铁的事实证明新炸药的威力和安全性能，以解除人们的疑虑，挽回不良影响。

1867 年 7 月 14 日，诺贝尔要在英国北部矿山矿石贮存场的平地上作一个证明新炸药安全性的试验，这次试验挤满了企业界的要人和好奇的观众，他们谨慎地俯身在一道拦水坝后，惊恐地向前眺望。

只见诺贝尔的几个助手，用废枕木点燃起一堆篝火，然后，诺贝尔从容地把 10 多磅重的炸药，放在熊熊烈火之上。围观的人们心惊胆战，他们深知不安分的硝化甘油的威力，有些人吓得闭上了眼睛……

过了一会儿，诺贝尔又跑到贮存场边缘的断崖旁边，当他将 10 磅重的炸药箱，丢到二三十米深的断崖下时，许多人吓得俯卧在拦水坝后。但是，不论是火烧，还是撞击，新炸药都是安然无恙。诺贝尔又将炸药埋入一个废洞里，用引爆剂引爆炸药炸得碎石乱飞、地面颤动……

新炸药的安全性赢得了人们的信任，使用诺贝尔炸药的用户，从此解除了疑虑。诺贝尔的炸药又广泛地应用到工业、矿业、交通业之中，全世界到处都响着诺贝尔炸药那震耳欲聋的爆炸声。

　　1896 年 12 月 10 日,在意大利西部的疗养圣地,孤独的诺贝尔悄然死去。按照他的遗嘱将多达 3300 多万瑞典克朗的遗产,建立了诺贝尔奖金,奖励那些为人类共同利益而奋斗的科学家、医学家、文学家,以至于为人类和平而努力的和平主义者。

　　从 1901 年颁发首届诺贝尔奖迄今,已超过 100 年,这期间有 600 多位专家、学者和著名人士,获得诺贝尔奖金。诺贝尔奖金虽然不是世界奖赏中数额最高的,但它是最权威的。它推动了科学技术的进步。20 世纪以来,差不多诺贝尔科学奖金获得者走过的道路,就是现代科学技术发展的历史轨迹。

一个人的价值，应当看他贡献了什么，而不应当看他取得了什么。

——爱因斯坦

名句箴言

现代物理学沙龙——索尔维与索尔维会议

　　1911 年 10 月 30 日至 11 月 3 日，18 位著名物理学家云集比利时首都布鲁塞尔，讨论"辐射理论和量子"问题。这就是现代物理学沙龙——著名的索尔维会议首届会议。

　　索尔维是比利时著名的工业化学家，1838 年 4 月 16 日生于雷别克－罗哥朗,他的父亲是一个制盐场的场主。索尔维从小就喜欢物理和化学图书,在校学习和节假日期间经常自己搞化学实验。

索尔维中学毕业后,由于肋膜炎缠身,疾病迫使他放弃了升入大学继续深造的愿望。1859年,索尔维接受了舅舅的好意邀请,到舅舅经营的煤气公司工作,在这里他仍有做化学实验的机会和条件。索尔维从小就养成积极进取,认真负责的习惯和作风,他在煤气公司的许多部门工作过,成绩显著,不久便升任副经理。

但是,索尔维把主要精力和大部分时间还是花在制碱工艺研究和实验上。他经过多次试验,把盐卤、碳酸铵混合到一起制得碳酸氢钠的沉淀。

1861年4月15日,即索尔维23岁生日的前一天晚上,他公布了自己的第一个专利——关于利用海盐、氨和碳酸在工业上制造纯碱的技术问题。这就是有名的氨碱法,由于这个方法是索尔维发明的,因此也叫索尔维制碱法,或者简称索尔维法。

索尔维制碱法解决了具有70多年历史的路布兰制碱法存在的一些问题,消除了路布兰法的一些固有弊病,简化了工艺流程,提高了原料利用率和产品的质量,降低了生产成本。索尔维制碱法是19世纪化学工业的重要进展。紧接着,索尔维在布鲁塞尔设立了一个小实验厂,用炼焦厂的粗氨水与石灰窑产生的二氧化碳气,制造出纯碱。

索尔维

然而,索尔维发明的氨碱法在各个化学公司都遭到冷遇,因此,并没有在比利时推广开。

索尔维不肯善罢甘休,自己倾家荡产继续试办制碱工厂。1863 年,索尔维集资组织索尔维制碱公司,并于 1865 年开工生产。索尔维以百折不挠的毅力,克服了重重困难,在弟弟的全力支持下,终于获得成功。

1867 年,索尔维制碱公司的产品获得巴黎博览会铜质奖章;1876 年又获得维也纳博览会奖章。消息传开了,从此,索尔维发明的氨碱法也就闻名于世。

1873 年,过去一直用路布兰法从事制碱生产的英国哈琴森公司,宣布改组,成立卜内门公司,采用索尔维法制造纯碱,当年产量达到 800 吨,到 1879 年产量达到 18800 吨。由于工业合成氨的方法尚未问世,氨的价格也比较昂贵。虽然如此,索尔维发明的氨碱法的优点远远超过路布兰法。

不久,世界各国都开始采用氨碱法。1874 年,法国在邓巴斯建立氨碱法工厂;1881 年,波兰在波森建立氨碱法工厂;同年,美国在纽约斯来克斯建氨碱法生产纯碱工厂;还有英国联合制碱公司费瑞德伍德和威迪奈斯建立的氨碱法工厂。这些工厂的开设,使纯碱的年产量超过 100 万吨。1915 年,直接合成氨工业化后,氨的价格急剧下降,氨碱法很快就压倒了路布兰法。随着索尔维制碱公司的发展和氨碱法的广泛采用,索尔维本人也逐渐变成了一位百万富翁。

索尔维热爱科学,关心社会,努力为人类造福。在索尔维看来,愚昧无知是社会冲突和心灵丑陋的根源,科学教育是人类文明和生活美满的基础。为此,他利用自己的威望和财富,积极资助各种科学、教育和社会福利事业。

到 20 世纪初期,年事已高的索尔维考虑如何处置自己数不尽的财富,于是他想要仿效诺贝尔,打算做一位科学的保护人。

索尔维明智开通,远见卓识。他发现,当时的物理学正在向原子和电子、光子的微观领域深入,这一发展趋势将对人类的未来产生巨大的影响。他自己也很热衷于引力理论和物质结构的研究。

1910 年,索尔维在他的合作者哥希密德家里会见了能斯特,他向能斯特讲述了自己在物理学方面的研究成果,想打听一下能否引起普朗克、洛伦兹、彭加勒和爱因斯坦等大物理学家的注意。同时也表明他对相对论和量子论所导致的物理学危机很感兴趣。

能斯特是德国著名的物理化学家，1891年任哥廷根大学物理化学教授，1905年任柏林大学教授。他在电化学和化学热力学方面做出了杰出贡献，1889年确定了电极电位公式——能斯特方程；1906年提出热力学第三定律（并由此项成果而荣获1920年诺贝尔化学奖）。当时，能斯特已经宣布支持量子论，是德国科学界很有

能斯特

影响的人物，对现代科学的革命有明确的预见。

能斯特在与索尔维的交谈中，看到索尔维对物理科学的极大兴趣，也看到召开一次有关物质分子运动论和辐射量子论流行问题的国际会议，既有必要，又有可能。能斯特把这个设想描绘的很生动，他向索尔维建议，召开一次国际会议，邀请世界各国最杰出的物理学家，到比利时首都布鲁塞尔来集会并作学术报告，就当时的物理学危机和各项重大物理学问题进行自由讨论，互相交换意见。索尔维听得聚精会神，并当场答应资助这样一个会议，这就是现代物理学发展史上具有重大意义和广泛影响的索尔维会议的发端。

由于索尔维自己没有能力直接安排这样一个高水平的学术讨论会,他便委托能斯特进一步同有关的物理学家商量,并由能斯特具体筹划这样一次会议。

能斯特从布鲁塞尔返回柏林后,立即着手实施索尔维的计划。他最先给普朗克写了一封信,谈到会议的内容和索尔维的支持。普朗克在回信中首先表示完全赞成召开这次会议,保证给予最充分的合作。但他又担心近期召开会议不知是否能够成功,因此他建议推迟会议时间。

能斯特收到普朗克的回信后,又单独询问洛伦兹等能否参加会议。

1910 年 7 月 26 日,能斯特写信给索尔维,说明了会议筹备工作的具体细节,信中还拟出了参加会议的 18 位科学家名单。

荣誉主席:索尔维

主席:瑞利

秘书:哥希密德和一位青年

成员:爱因斯坦(瑞士)、克努森(丹麦)、朗之万、佩兰(法国)、范德瓦尔斯(荷兰)、拉摩、金斯、舒斯特、汤姆生、卢瑟福(英国)、能斯特、普朗克、维恩、伦琴、塞林格(德国)等。

能斯特在信中说,会议地点在布鲁塞尔比柏林、巴黎、伦敦更适合;会议时间在 1911 年复活节后,大约一个星期。能斯特还提出一个日程表,并请索尔维届时致一个热情洋溢的开幕词。他满怀信心地对索尔维表示,这次会议将在科学史上成为一个里程碑。

能斯特在信中附寄了邀请函的草稿,这份邀请函是以索尔维的名义写的,并且标有"机密"字样。邀请函分析了辐射和比热等研究结果所导致的物理学严重形势,指出对以前的某些基本概念进行修订和革新的必要性和迫切性,召开这次国际学术讨论会的意义。邀请函列出会议所要讨论的问题:

1. 瑞利辐射公式的推导;

2. 理想气体分子运动论与实验符合的程度;

3. 克劳修斯、麦克斯韦和玻耳兹曼的比热和分子运动论;

4. 普朗克的辐射公式;

5. 能量子理论;

6. 比热和量子论;

7. 一系列物理化学和化学问题的量子论结果;

1910 年 8 月 5 日和 9 月 21 日,索尔维两次写信给能斯特并明确会议日期定在 1911 年 10 月。

1910 年 11 月 27 日,能斯特从柏林发信给索尔维,非常赞同索尔维确定的会议时间。能斯特在信中诚挚地希望,索尔维在签发邀请函时,不要把能斯特说成是这次会议的创始人,最好是一句也不提到,如果实在有必要的话,那就在向会议所致的欢迎词内提一下就行了。10天之后,索尔维写信给能斯特,完全赞同能斯特的意见和安排。

后来,索尔维从繁忙的事务中抽出时间,他与哥希密德讨论会议计划的细节。1911年3月12日决定,请哥希密德负责各项具体会务工作,而他自己仅签字、审批有关信件等。

经过能斯特、索尔维和哥希密德三人的紧张准备工作,邀请函于1911年6月发送给欧洲25位著名科学家。并且很快就收到接受邀请的回信,很多科学家在回信中热情赞扬这次会议的设想,表示参加这次会议,并肯定这次会议的重要意义。

10月29日,也就是在正式开会的前一天,所有参加会议的人都到达了比利时首都布鲁塞尔,并且在大都会宾馆举行了盛大招待会。第二天,酝酿一年多的首届索尔维物理学会议终于如期召开了。

首届索尔维会议取得了非凡的成功。当时正是现代科学革命的初期,新的科学需要传播和完善,各种各样的理论需要争鸣,索尔维会议恰恰提供了这样一个场所和机会。

量子论本来发源于德国,而经过首届索尔维会议,使法国、英国等也都接受和传播了量子论,并且涌现出一大批年轻的科学家,在建立原子结构理论和创立量子力学的科学飞跃中,做出了重大贡献。例如,19岁的法国青年德布罗意看到首届索尔维会议印发的《辐射理论和量子》在索尔维先生赞助下,从 1911 年 10 月 30 日至 11 月 3 日在布鲁塞尔会议期间的报告和讨论汇集后,决心把自己的全部青春和精力投入到理解量子的真实本质中去,于是,他由历史学改行专攻物理学,并在 1924 年提出物质波的概念,成为量子力学的最基本概念,对量子力学的发展起到重要的作用,也对人们认识微观世界的思维方式产生重要而深刻的影响。

丹麦物理学家玻尔,在英国遇到刚从索尔维会议返回的卢瑟福,兴致勃勃地听取了关于这次会议的讨论情况,受到强烈的感染,1913 年提出原子轨道量子化的原子结构模型,而且他后来成为原子结构和量子力学正统学派的思想领袖,对量

玻尔

子力学的发展及其哲学解释做出卓越贡献。

1913 年,第二届索尔维会议的题目是"物质结构"。这次索尔维会议,以汤姆生报告原子中电子组分的概念开始。当时,德国物理学家劳厄发现了 X 射线在晶体中的衍射,玻尔也发表了原子结构量子论的第一篇论文,这次会议对深入探

讨物质结构特别是原子结构起了很大的作用。

以后的索尔维会议,除了第一次和第二次世界大战打乱了国际科学合作外,即使在索尔维逝世以后(1922年5月26日),也总是不定期举行,并且随着现代物理学发展的情况和问题,每次会议都确定一个中心题目。从每次索尔维会议的中心议题,可以看出现代物理学发展的基本情况和主体脉络。

1921年,索尔维会议的主题是"原子和电子"。

1924年,"金属导电问题"。

1927年,"电子和光子"。

1930年,"物质的磁性"。

1933年,"原子核的结构和属性"。

1948年,"基本粒子"。

在1961年10月举行的第12届索尔维会议上,丹麦物理学家玻尔作了回忆性演讲,题目是《索尔维会议和量子物理学的发展》。玻尔高度赞扬了索尔维和索尔维会议,并详细讨论了各次索尔维会议的主要内容及其对物理学发展所起的作用。玻尔在这篇演讲的开头说:

"恰恰在50年前,在恩斯特·索尔维高瞻远瞩的首倡下开始召集、并在他所建立的国际物理研究所的主持下继续召开的一系列会议,对物理学家们来说,曾经是讨论作为不同时期兴趣中心的那些基本问题的一种独一无二的机会,从而也在许多方面刺激了现代物理科学的发展。"

玻尔的话反映了索尔维热心科学的伟大精神和索尔维会议在现代物理学发展中的巨大历史作用。

名句箴言

我觉得坦途在前，人又何必因了一点小障碍而不走路呢？

——鲁迅

巧测电子电荷

密立根与电化学——

电是我们现代生活中不可缺少的能源。然而，在距今 100 年前人类还未曾发现电和使用电能。

19 世纪末叶，电到底是什么？怎样传输？它的能量是从哪儿来的？这些问题人们还不清楚。于是各地的科学家都企图回答这一系列的问题。在这一领域用来进行研究的基本仪器之一是克鲁克斯管,现在通称为阴极射线管。当我们把阴极射线管的两个电极跟电池连通后,便有一种看不见的放电从负极(阴极)流向正极(阳级)。人们所能看见的,只是放电时加热的阴极发出的辉光。

克鲁克斯管

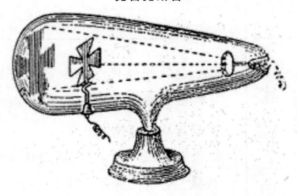

克鲁克斯管内部结构

1895年,伦琴使用克鲁克斯管发现X射线。现在我们知道,X射线实际上是比可见光的波长更短的电磁波,是阴极射线撞击到某种金属物体时产生的。然而,那时的科学家们却不知道阴极射线到底是什么,这个谜在一年半以后才被揭穿。

在剑桥的卡文迪许实验室,汤姆生教授和助手卢瑟福重做了伦琴的实验,发现阴极射线是带负电的粒子,汤姆生把这些带负电的粒子称为电子。

电子是非常非常小的微观粒子,它所携带的电荷更是极其微小的,因此,要测量电子电荷是很困难的。在威尔逊发明了云室后,汤姆生便在英国剑桥大学的卡文迪许实验室利用威尔逊云室测量了电子所带的电荷"e"。但他测量得到的 e 值为 1.03×10^{-19} 库仑,比现今公认的值小 35%。1903 年,威尔逊利用自己发明的云室,测得 e 值为 $0.67 \times 10^{-19} \sim 1.47 \times 10^{-19}$ 库仑,其平均值和汤姆生测得的 e 值差不多,误差都比较大。

1906 年,美国物理学家密立根开始研究这一课题。他首先重复了汤姆生、威尔逊的实验,测得的结果很不一致。1908 年,他在做了一系列重大改进的基础上,测得的 e 值为 1.57×10^{-19} 库仑,误差小了很多,但他仍不满意。1909 年秋天,他放弃了威尔逊云室的方法而改用油滴法做实验。他和他的合作者测量了上千个油滴的电荷,结果发现每一个油滴所带的电荷都是 e 的整数倍,从而巧妙地精确测出电子的电荷为 1.602×10^{-19} 库仑,误差仅为 $\pm 0.002 \times 10^{-19}$ 库仑。

电子发现后,人们对电子电荷进行了无数次的测量,其中包括汤姆生本人所进行的,但都没有取得精确的结果。随着现代物理学的迅猛发展,精确测量出电子电荷,已成为非常迫切需要解决的问题。这不仅是关系到现代物理学的精确性,更重要的是关系到原子结构、辐射理论、电的概念等一系列现代物理学的基本问题。正是由于密立根用油滴实验精确测定电子电荷,以及对光电效应的研究,而使他获得了1923年诺贝尔物理学奖。

电子所带电量虽然十分微小,但是准确测定电子电荷的密立根却显得非常伟大。密立根是美国出生的学者中第一个获得诺贝尔物理学奖的科学家,他是20世纪20～30年代美国科学界最活跃的领袖人物之一。

密立根全名是罗伯特·安德鲁斯·密立根,1868年3月22日出生于美国伊科诺斯州的一个乡村小镇——莫利森。这里人口稀少,风光秀丽。他从小是个贪玩的孩子,没有受过专门的教育,也没有读过多少书。他8岁才开始上学,到17岁高中毕业时,还没有受过多少自然科学知识的教育。他父亲是个穷牧师,虽然家境不算贫寒,但也说不上宽裕。

上高中时,学校仅有一位物理教师,也是这个学校的校长,他也不怎么懂物理学。

有一次,他向老师提出问题:"空气为什么能够传播声音呢?"

老师却说:"声音怎么能由空气传播呢?胡说八道!"

这一下子刺伤了密立根的自尊心,弄得他面红耳赤,瞠目结舌,他开始讨厌物理学这门课程。

高中毕业后,没有钱进入大学读书,为了能够继续学习深造,他自己开始想办法挣钱,他到锯木厂做过杂工,担任过法庭的记录员。到 1886 年,他挣得了一笔钱,终于进入了奥伯林学院,在这里,他对希腊语、拉丁语和代数产生了浓厚兴趣,但高中时对物理学的厌恶,在这里丝毫也没有变化。他与物理学结下的不解之缘还要从一个偶然的机会说起。

那是 1889 年春末,奥伯林学院需要一名教授预科学生物理学的教师,希腊语教授帕克偏偏选定了密立根。

一天下课,正当他想回宿舍时,突然,帕克教授叫道:

"密立根,请您到我的办公室来,我有事情要同您商量。"密立根根本没有想到老师让他去做一名物理学教师,当他在帕克教授的办公室坐定后,老师说道:

"学院要我物色一名物理学教师,我看你能胜任。"听到这话,密立根惊呆了,接着教授又说,"这事已定了!"

"我对物理学一窍不通,怎么,怎么……"密立根吞吞吐吐地回绝着,没等他说完,教授打断了他的话。

"任何一个能够学希腊文的人都能教授好物理学!"教授的话是不容置疑的。

"好吧,我尽力试一试,但您必须承担后果。"他不得不服从教授的决定。

　　就这样,密立根被强行推进了物理学王国,也从此与物理结下了不解之缘。

　　强大的压力促使密立根开始真正地学习物理学,并逐渐改变了对这一学科的看法。不久,在奥伯林学院的物理讲台上,密立根那生动活泼的讲授,开始受到学生和校方的称赞,首次的成功,鼓舞了他的自信。

　　1891年秋,密立根从奥伯林学院毕业,并获得文学学士学位,留校继续任教,并兼教体育。他利用工作之余,自学了汤姆生那冗长而枯燥的《电动力学》,1893年获得了硕士学位。直到这时,密立根还没有意识到自身所蕴藏的物理学才能。一个又一个的成功曾使他激动、振奋,但随之而来的烦恼与恐惧又使他不安,纵横交错的心情使他难以看到未来的曙光。说来也巧,1893年又是那位教希腊语的帕克教授,悄悄地将密立根的成绩单和一封推荐信寄给了哥伦比亚大学,不久,密立根就获得了哥伦比亚大学700美元的奖学金,成为那里唯一的一名物理学研究生,从此,他开始对物理学发生了真正的兴趣。

　　密立根两次受到帕克教授的推荐,并不是偶然的,因为密立根在奥柏林学院除物理外,各科成绩都很突出,名列前茅。

　　他来到哥伦比亚大学学习刚刚一年,不幸的事情发生了:密立根的奖学金被别人给挤掉了。是回去,还是继续在这里攻读呢。在这举棋不定的时刻他想起了帕克教授对他的一片诚心，"不能辜负老师的厚望，我要渡过难关。"他暗暗下了决心，正是这一决心使他后来荣登物理学的殿堂。

迈克耳逊

后来他不得不靠为别人代课来渡过难关。1894 年 6 月，密立根结识了美国物理学家迈克耳逊，迈克耳逊由于在1878—1890 年精确地测定了光速和进行了著名的以太漂移实验而成为美国物理学界的大名星。夏天，密立根专程到芝加哥大学拜访他，经过长达一个多月的交谈，使他更加崇拜迈克耳逊，决心要成为迈克耳逊式的物理学家。

理想具有伟大的力量，是伟大的理想把密立根送上科学研究的轨道。

1895 年，密立根完成了论文"关于炽热的液体和固体表面所放射出的光的偏振的研究"，获得了哥伦比亚大学博士学位。

1895 年 5 月，在哥伦比亚大学教授帕品的资助下，密立根赴德国继续深造，他先后在柏林和哥廷根两地学习和做研究工作。

当时柏林和哥廷根是两个科学圣地,常常荟萃着一批又一批科学明星。在这里,使密立根看到了一个新的世界,他如饥似渴地学习、研究……在著名的物理化学家能斯特的实验室进行研究时,能斯特广泛的研究兴趣,严密的研究方法,使密立根深受启发;而能斯特组织物理学家、化学家联合研究两学科交叉的一些边缘问题的做法,直接萌发了密立根合作研究的思想。

1896年他回到美国芝加哥大学当助教,成为迈克耳逊教授的助手,并讲授物理学课程,不久,他以高水平的教学在芝加哥大学闻名遐迩。

正当密立根在物理学领域大显身手的时候,爱情闯入了他的生活。1899年,他结识了来自伊利诺伊州的姑娘布兰查德。姑娘年轻、漂亮,是芝加哥大学希腊语专业的学生。她特别佩服密立根的聪明才智,二人很快情投意合,相亲相爱了,然而,姑娘的父亲是一位富有的机械制造商,他很看重金钱,认为女儿和这位穷书生结婚是一种冒险。由于父亲的坚持,姑娘只好恳求密立根,要他尽快达到每年至少有1500美元的收入,否则,他们只能天各一方。这对密立根宏伟的抱负无疑是一个强烈的刺激,他开始夜以继日地奋斗。

1902年4月10日,密立根终于被"批准"同布兰查德小姐结婚。不久,他被提升为助理教授,1907年又晋升为副教授。

1908 年,密立根研究生涯中的一个崭新时期开始了。他选择了第一个具有重大意义的研究课题——测量电子的电荷。经过近 10 年的艰苦努力,1917 年,他终于利用油滴实验精确测定出电子的电荷为 $e=1.602\times10^{-19}$ 库仑,误差仅为 $\pm0.002\times10^{-19}$ 库仑。这是人类第一次精确测量到了基本的电子电荷,推动了原子物理学的发展。

与此同时,密立根经过 3 年的努力,通过精心巧妙的实验,证明了爱因斯坦的光电效应方程的正确性。并通过光电效应首次测出普朗克常数 $h=6.624\times10^{-27}$ 尔格·秒,这也是当时取得的最精确的数值。

青年时代的爱因斯坦

爱因斯坦于 1905 年提出了光量子理论,但当时大多数物理学家都视之为异端邪说,直到 1912 年,这一理论能否成立,还是一个谜。密立根用无懈可击的实验为这一理论提供了充分的科学证据,因此,这一理论得到科学界的广泛承认。

1923 年,密立根因电子电荷的精确测定和光电效应研究,荣获诺贝尔物理学奖。

密立根一生获得许多荣誉,1915 年,密立根被选为美国科学院院士;1921 年,他被任命为加利福尼亚工学院校务委员会主席,并兼任该校布里治实验室主任。1953 年 12 月 19 日,密立根在加利福尼亚州圣马力诺市逝世,终年 85 岁。

在密立根领导下的加利福尼亚工学院,迅速发展成为世界瞩目的科学研究中心,成为世界上最有名的名牌学府之一。多年来,该校为人类培养了一大批世界闻名的科学家。

名句箴言

什么是路？路就是从没路的地方践踏出来的，从只有荆棘的地方开辟出来的。

——《鲁迅全集》

奇异的液体——朗道与超流体

1929年10月的一天，柏林威廉科学研究所的报告厅里，人满为患，到处挤满了热情的听众，甚至报告厅的过道都坐满了人。进不了报告厅的人索性站在窗外，倾听着从高高窗户里传出来的声音。

这是在进行一场什么报告？

原来,伟大的科学巨人爱因斯坦正在报告厅里进行演讲。报告厅里的讲台上,爱因斯坦侃侃而谈他那神奇的相对论,他讲得是那样的深奥,对于广大听众来说,不啻无限遥远天国的佛语纶音。人们越是听不懂伟人的话语,就越崇拜他。报告厅的前排座椅上,坐着德国科学界的权威、教授,他们极其虔诚而尊敬地做着笔记,仰视着伟大的演讲者。

爱因斯坦的演讲在暴风雨般的掌声中结束,按照科学报告的惯例,主持者请大家对演讲者提问题,会场一片寂静。这时,从后排站起一位瘦弱矮小的青年,他说:"爱因斯坦教授告诉我们的东西并不是那么愚蠢,但是第二个方程不能从第一个方程严格推出,它需要一个未经证明的假设,而且它也不是按照应有的方式为不变的……"

会场的人都回过头去注视着这位不知天高地厚的青年人,然而爱因斯坦是例外的,他对着黑板思索了一会儿,然后转过身来说道:"后排那位青年人说得完全正确,他的意见值得考虑。"爱因斯坦从讲台走下来,缓缓穿过向他欢呼致敬的人群,来到唯一向他提问的青年身旁,两个人一见如故,便愉快地交谈起来。

这位毛头青年人就是苏联著名物理学家、超流性理论的奠基人朗道,这是一段 20 世纪 30 年代传为佳话的故事。

1908 年 1 月 22 日,朗道生于俄国的巴库,父亲是石油工程师,母亲是医生。从孩提时起,朗道就聪明过人,4 岁就能阅读，少年时代就初步掌握了微积分，13岁时完成了中学课程的学习，很想到大学去学习数学，但他父母认为他年岁太小，而且父亲希望他选一个更加"实用"的职业，于是就送他进了一所经济专科学校。他在那里学了一年，觉得学不下去，于是在1922年进了巴库大学，兼

朗道

学数学、物理和化学。两年以后，他在巴库大学毕业，当时他渴望学习更多的东西，于是去了彼得堡。

朗道1924年到达彼得堡，当时正值列宁逝世，彼得堡刚刚改名列宁格勒，彼得堡大学也随之改名为列宁格勒大学。苏联最著名的物理学家约飞、福克等人当时正在该校任教，讲解刚形成中的量子力学。1927年19岁的朗道在列宁格勒大学毕业，并且成了该校物理技术研究所的正式研究生。

从此，在列宁格勒大学的校园，一个所谓的"爵士乐队"逐渐增大知名度，变成了人们注意的中心，朗道和三个要好的朋友，组成了一个四人科学小组，他们戏称其为"爵士乐

队"。其中除了朗道，还有伽莫夫、伊凡宁柯、布朗施坦。这些年轻人在严肃的科学研究之余，一起打打闹闹，互相讽刺和开玩笑，活跃气氛，这种在活泼浪漫中探索真理的作风，对世界科学界影响至深。

朗道从成为职业科学工作者之后，就坚定地决心为探索自然规律而不惜惊世骇俗，为了培养他的不畏众言能力，朗道闹出了许多的笑话。一天，朗道在他的帽子上系了一个红气球，然后到繁华的闹市街道上去散步，引逗得许多人围观跟着他，同事们问他这是为什么，他回答道："这一切表明，朗道想在帽子上系个红气球，他就可以系上红气球。"弄得人们哭笑不得。

20 年代，苏联还十分注意和西方的交往，苏联青年到国外留学也比较容易。1929 年 10 月，经过几次申请之后，朗道获准到欧洲各国访学。在不到两年的时间里，朗道访问了欧洲几乎所有的物理学中心，见到了几乎所有的量子物理学家。他最先到达柏林，见到了普朗克和爱因斯坦，经过和量子物理学前辈的交流，聪慧绝伦的朗道，很快就站到了量子物理学的前沿。

朗道早在 18 岁时，就发表了一篇分析双原子分子光谱的论文，科学研究意识比较强烈。当时朗道作为一个年轻的大学生感到，有关量子力学的各种问题是科学发展的重要标志，可是许多最根本的问题已经被别人抢先解决了，大有"余生也晚"之憾。可是,在他游学欧洲时,幸运地赶上了量子物理学发展的另一班车。他及时抓住了历史的契机,没有虚度此生,为理论物理学作出了杰出的贡献。

1908 年,在荷兰物理学家卡末林－昂内斯成功地液化了氦以后,极低温的现象一直是世界上一些有名实验室的主要研究对象。 苏联杰出的科学家卡皮查在这方面作出了重大贡献。1934 年, 苏联政府为卡皮查购买了他在英国剑桥所使用的全套设备,卡皮查继续从事研究工作。1938 年,卡皮查发现,当液氦从极低温 4K 冷却到超低温 2K 时,突然变成一种过去从未见过的液体。液氦的这种液体可以从盖得很严的容器中逃逸出来,可以迅速地流过很细的毛细管和裂缝,几乎没有黏滞性。

卡皮查把液氦的这种性质称作超流动性,此后,各国科学家相继发现超流液体的各种特殊性质和现象,一时间低温物理学成为科学界的热点领域,朗道恰好赶上了这一时代。

1937 年,卡皮查邀请朗道到他担任所长的莫斯科物理研究所负责理论部工作,于是朗道从此转到了莫斯科,和卡皮查一道研

卡皮查

究超导和超流现象。卡皮查是一个卓越的实验物理学家，朗道则是一个理论物理修养精湛的青年，两个人的工作十分和谐，在低温物理学领域取得了一系列成绩。

但是不幸的是，当时苏联的"清洗"已经愈演愈烈，知识分子人人自危，而朗道的性格仍然是直言不讳，常常发表一些批评性的言论。1938 年冬天，朗道突然被以"德国间谍罪"的名义，判处监禁 10 年，送到了莫斯科最严厉的监狱。当时卡皮查不在莫斯科，等他回来时，朗道已在狱中受了将近一年的折磨。他获准去探望朗道，发现朗道已经奄奄一息了。卡皮查气得满脸发白，于是他作出了一个不要命的举动，他从监狱出来以后直接驱车去克里姆林宫，向苏联高级官员，外交部部长莫洛托夫提出了一个"最后通牒"：如果不立即释放朗道并彻底平反，他卡皮查就停止工作。卡皮查当时已经是国际知名的科学家了，这种举动在当时是十分危险的，然而结果出人意料：卡皮查并未遭到非难，而且朗道也很快被释放了。

监狱生括使朗道了解了许多事情，但是却没有毁掉他对科学的忠诚。从那以后，他在莫斯科工作了 20 多年，对苏联的科学、国防和教育都做出了不可估价的贡献，成了全世界引人注目的理论物理学家。

朗道在卡皮查低温物理实验的基础上，1941 年提出了超流性理论的二流体模型，这是朗道把量子理论应用于液氦因而成功地解释了液氦的超流以及其他许多奇异现象,预言了新的事实。1944 年,朗道的理论预言得到了实验证实。

20 世纪 40 年代的前 5 年,是第二次世界大战激烈进行的时期,这一段时间,朗道的科学研究环境和条件并不好,当时苏联为了赢得战争,许多重要部门向东部疏散,科学机构的搬迁工作破坏了正常的研究条件;与此同时,朗道还蹲了将近一年的监狱。就是在这样艰苦的条件下,朗道却做出了荣膺诺贝尔奖的研究工作,难怪人仍一直称颂他是世界物理学界一个最有特色、最有个性和不平凡的人物。

就是这样一个出色的物理学家,当人们期待他在战后和平岁月里为科学做出更大的贡献时,一件不幸的事件发生了。

早在 1906 年,巴黎的一辆马车夺走了物理学家皮埃尔·居里的生命。1962 年莫斯科的一场车祸,过早的终止了朗道的科学生涯,这两次车祸都给人类科学和文明造成了巨大的损失。

1962 年 1 月 6 日,一向寒冷的莫斯科突然转暖,夜间淅淅沥沥地下了一场雨。1 月 7 日凌晨,天气骤变,气候转冷,在房屋、树木、道路上都结了一层薄冰,紧接着又盖上了一层冻雪,路上很滑。那天,朗道要去苏联核物理研究中心杜布纳,于是搭乘一位同事驾驶的伏尔加轿车。当车开到莫斯科北郊时,人烟稀少,司机稍稍加快了速度。突然有一个小女孩横穿马路,司机紧急刹车,但是车子失去控制,滑到马路一旁,这时恰好迎面驶来一辆卡车,两车都在奋力刹车的情况下,缓缓撞在一起。别人都安然无恙,朗道却身负重伤。

通过检查,发现颅骨破碎等一系列致命的重伤,朗道所有的伤势,每一种都可能造成致命的结果,卓越的物理学家危在旦夕。

1962 年的朗道不再是 1938 年被随便指控为"德国间谍"的朗道了,他早已成了苏联科学界的明星。苏联政府十分重视科学人才,于是就在苏联开展了一场从死神手中夺回朗道生命的战斗,这是一场持久的、艰苦的、大规模的战斗。在苏联,只要涉及抢救朗道,一切都成了专用的,人们把抢救朗道当成了最重要的任务。

经过人们艰苦的努力,朗道总算活了下来。在他受伤整整 3 个月以后,他终于脱离了危险,说出了伤病痊愈后的第一句话。由于颅神经受伤,朗道天才地创造力已大不如从前了,车祸过早地结束了这位理论物理学家科学创造的黄金时代,为了检验他的思维能力,人们有时问他一些物理问题,他一般都能回答,但是记得不完全。有一次,朗道的朋友问他一个问题,他回答了,大家都觉得朗道答错了,很失望。但是,人们仔细想一会儿以后,又发现朗道是对的,不过思路非常奇特。

1962 年 11 月 1 日,国外给朗道打来了一份电报。电文说:

"瑞典皇家科学院今天决定授予您 1962 年度诺贝尔物理学奖，以表彰您的关于凝聚态物质特别是液氦的开创性理论。"

朗道的身体不适宜出国旅行，科学院安排他的夫人去领奖，但是贤慧的朗道夫人不肯离开痊愈不久的丈夫，拒绝前往。最后，诺贝尔基金会打破了惯例，同意由瑞典大使在莫斯科为朗道授奖。

朗道对于世界科学的最主要贡献，就是他对凝聚物理学理论的深入研究和开拓性探索。他发展了关于物质磁性的理论，提出了后人称之为"朗道抗磁理论"的创见。他一生撰著了许多书，最著名的是他与他的学生弗西斯合著的《理论物理学教程》，这套 9 卷本的巨著，在全世界久享盛名。

朗道经历了不平凡的一生，他除了获得诺贝尔物理学奖以外，还获得列宁奖金和社会主义劳动英雄称号。1968 年 3 月 24 日，朗道的病情恶化，作了一次手术，但没有根本好转。4 月 1 日，病情突然加剧，朗道不幸逝世，终年 60 岁。

朗道对凝聚态物理学的研究，特别是以此为源头的一系列超低温实验，使人们有可能发现基本粒子物理学的性质。后来物理学家从中精确地探测出宇称破坏的宏观形式，推动了宏观量子现象研究的进展。

在朗道逝世十年之后，他的良师益友卡皮查也由于低温物理学领域基本发明和发现而荣获诺贝尔物理学奖，如果朗道在世，一定非常高兴。

跟我來！

　　一般认为,物理化学作为一门学科的正式形成,是从1877 年德国化学家奥斯特瓦尔德和荷兰化学家范霍夫创刊的《物理化学杂志》开始的。从这一时期到 20 世纪初,物理化学以化学热力学的蓬勃发展为其特征。

奥斯特瓦尔德

　　热力学第一定律和热力学第二定律被广泛应用于各种化学体系,特别是溶液体系的研究。吉布斯对多相平衡体系的研究和范霍夫对化学平衡的研究,阿累尼乌斯提出电离学说,能斯特发现热定理都是对化学热力学的重要贡献。

　　当 1906 年路易斯提出处理非理想体系的逸度和活度概念,以及它们的测定方法之后,化学热力学的全部基础已经具备。劳厄和布喇格对 X 射线晶体结构分析的创造性研究,为经典的晶体学向近代结晶化学的发展奠定了基础。阿累尼乌斯关于化学反应活化能的概念,以及博登施坦和能斯特关于链反应的概念,对后来化学动力学的发展也都作出了重要贡献。

20 世纪 20—40 年代是结构化学领先发展的时期,这时的物理化学研究已深入到微观的原子和分子世界,改变了对分子内部结构的复杂性茫然无知的状况。

1926 年,量子力学研究的兴起,不但在物理学中掀起了高潮,对物理化学研究也给以很大的冲击。尤其是在 1927 年,海特勒和伦敦对氢分子问题的量子力学处理,为 1916 年路易斯提出的共享电子对的共价键概念提供了理论基础。1931 年鲍林和斯莱特把这种处理方法推广到其他双原子分子和多原子分子,形成了化学键的价键方法。1932 年,马利肯和洪德在处理氢分子的问题时根据不同的物理模型,采用不同的试探波函数,从而发展了分子轨道方法。

价键法和分子轨道法已成为近代化学键理论的基础。鲍林等提出的轨道杂化法以及氢键和电负性等概念对结构化学的发展也起了重要作用。在这个时期,物理化学的其他分支也都或多或少地带有微观的色彩,例如由欣谢尔伍德和谢苗诺夫两个学派所发展的自由基链式反应动力学，德拜和休克尔的强电解质离子的互吸理论，以及电化学中电极过程研究的进展——氢超电压理论。

第二次世界大战后到 20 世纪 60 年代期间，物理化学以实验研究手段和测量技术，特别是各种谱学技术的飞跃发展和由此而产生的丰硕成果为其特点。

电子学、高真空和计算机技术的突飞猛进，不但使物理化学的传统实验方法和测量技术的准确度、精密度和时间分辨率有很大提高，而且还出现了许多新的谱学技术。光谱学和其他谱学的时间分辨率和自控、记录手段的不断提高，使物理化学的研究对象超出了基态稳定分子而开始进入各种激发态的研究领域。

光化学首先获得了长足的进步，因为光谱的研究弄清楚了光化学初步过程的实质，促进了对各种化学反应机理的研究。这些快速灵敏的检测手段能够发现反应过程中出现的暂态中间产物，使反应机理不再只是从反应速率方程凭猜测而得出的结论。这些检测手段对化学动力学的发展也有很大的推动作用。

大展宏图——近代物理化学应用

既然思想存在于劳动之中，人就要靠劳动而生存。

——苏霍姆林斯基

名句箴言

氢弹与热核聚变

1915年，美国化学家哈金斯提出，氢原子聚变为氦原子的过程中，其质量的0.5％转变为能量。具体机制是，在数百万度高温的条件下，氢原子核——质子具有很高的能量，足以使它们彼此熔合在一起。这样，两个质子结合到一起，发射出一个正电子和一个中微子，变为一个氘核。然后，这个氘核再同一个质子熔合,形成为一个氘核。这个氘核可以再和一个质子熔合而形成氦—4,两个氘核也可以相互结合成一个氦—4。

但是,这种氢原子核聚变生成氦原子核的反应,必须在极高温度的激发下才能发生,也就是必须有足够的热能引起聚变链式反应,所以把这种反应叫作热核反应。

哈金斯

当时,在地球上还没有得到数百万度高温的办法。人们认为,只有一个地方存在着引发这种氢核聚变所必需的高温条件,这就是恒星的中心。

1938 年,在美国工作的德国物理学家贝特提出,聚变反应是恒星辐射发光能量的源泉。在恒星中发生的第一种轻核聚变是氢—氦循环,第二种轻核聚变是碳—氮循环,两种循环本质上都是一样的,即质子变为氦核。贝特和克里菲尔德一起计算氢—氦循环和碳—氮循环,理论值与观测值符合。贝特指出,氢原子核聚变反应对温度很敏感,在一颗恒星中究竟是氢—氦循环还是碳—氮循环占主导地位,主要取决于这颗恒星内部的温度。

大展宏图——近代物理化学应用

一般地说，在数百万度温度情况下，氢—氦循环占主要优势，例如太阳和不太亮的恒星中，就是这种循环的核聚变反应发光；在比较亮和比较大的恒星上，内部温度更高，达数千万度乃至数亿度，此时碳—氮循环是主要的。贝特提出的这一恒星发光理论，很好地解释了恒星发光原因，成为科学家普遍接受的一种理论。贝特因此项成果而荣获 1967 年诺贝尔物理学奖。

当时的科学家都希望获得像太阳发光那样的高温，以便实现轻核聚变而获得大量的能量。

1945 年，原子弹爆炸成功，使人们寻找到产生数百万度高温的途径，使核聚变的引发变为可能的了。

具体说来，就是把铀核裂变原子弹作为能量足够大的雷管，通过原子弹爆炸产生的高温引发氢聚变为氦的链式反应。但是人们怀疑这种方式能否用于制造炸弹。首先是氢燃料氘和氚的混合物，必须压缩成高密度的状态，就是把它液化成液体，并保持在接近绝对零度的低温贮存器中。也就是说，氢弹必须是一个巨大的制冷器。还有一个问题，即使能够制造出威力比原子弹还大的氢弹，有什么用呢？已有的铀、钚重核裂变炸弹的破坏力已经够大了。

在美国，从 1942 年起，就产生了用原子弹引爆氢弹的设想，并打算制造威力更大的氢弹。由于支持研制氢弹和反对研制氢弹的意见长期激烈争论，一直相持不下，直到 1950 年

1月31日,美国总统杜鲁门才最后决定研制氢弹。当时,他采纳了国家安全委员会氢弹特别小组委员会决定研制氢弹的报告。这个报告是长期争论和最后表决的结果,氢弹特别小组委员会在投票表决时,国务卿艾奇逊和国防部部长史汀生赞成,美国原子能委员会主席季兼达尔反对,结果是2:1通过。季兼达尔也因此不再担任原子能委员会主席,由狄恩接替他的职位。

美国氢弹的研制工作由新上任的原子能委员会主席狄恩和美籍匈牙利科学家泰勒负责,狄恩负责组织管理和物资保障等工作,研制生产的技术工作由泰勒主管。美国为了研制氢弹,在萨湾拉河岸边建立了一个巨大的核反应堆,以生产氢燃料氚和引爆燃料钚,这个计划称为萨湾拉河计划。

1951年5月8日,氢弹原理试验准备工作一切就绪,这次试验的代号为"乔治",在太平洋的一个岛上进行。65吨重的裂变—聚变装置放在60多米高的钢架上,由笨重的冷却系统机器包着,以便在极端低温条件下保存氘与氚的混合物成密度较大的液体状态。试验结果证明,氢弹的爆炸威力大大超过原子弹(核裂变炸弹)。

氢弹爆炸原理试验成功,大大推进了制造真正氢弹的工作。

1952年10月,美国第一颗氢弹研制成功,并于1952年11月1日进行了世界上第一颗氢弹的爆炸试验,这颗氢弹起名为"麦克"。试验在太平洋马绍尔群岛的一个小珊瑚岛上进行，氢弹还是安放在钢架上。试验成功了，而所有不祥的预言也都应验了：其爆炸威力相当于 1000～1500 万吨 TNT 炸药，比美国投在日本广岛那颗原子弹大 500 倍；爆炸产生的巨大火球直径达 6000 米；这次爆炸把这个小珊瑚岛一扫而光，而且在海下炸出一个直径 1600 米，深 50 米的弹坑。

苏联也不甘落后，1953 年 8 月 12 日，成功地进行了热核爆炸，这颗氢弹重量不大，可以用飞机运载，其战略意义是相当大的。苏联首先用氘化锂等轻核燃料做成干的氢弹（不再需庞大的制冷机械保持氘和氚为液态），这在美苏核武器竞赛中，显然处于优势地位。

1961 年 10 月 30 日，苏联在新地岛进行了世界上最大的氢弹试验，其爆炸威力相当于 6000 万吨 TNT 炸药。这颗氢弹爆炸后，产生的冲击波绕地球转了 3 圈，头一圈的时间是 6.5 小时。

在这次试验之后，苏联声称已经能够生产 1 亿吨级的氢弹，用这样一颗氢弹投到哪里，哪里都能够炸出一个直径 30 公里的弹坑，使方圆 60 公里之内顿时形成一片火海。胆小的人听了这些话恐怕会吓坏了。

中国自 1964 年 10 月 16 日爆炸第一颗原子弹成功以后，氢弹研制工作也加快了，1967 年 6 月 17 日，成功地爆炸了第一颗氢弹，巨大的蘑菇云又一次冲消了美苏两国核垄断的幻梦。

难道热核反应放出如此巨大的能量，只能用来制造毁灭性的武器吗？可不可以用于和平目的呢？

这个问题很简单，但是解决起来并非容易。氢弹爆炸所发生的聚变反应是由原子弹爆炸产生高温引起的，是不受控制的链式反应。要想用在其他场合，就必须使氢原子核的聚变反应受适当的控制，这是使科学家们感到很棘手的问题。

早在 50 年代初研制氢弹的同时，许多国家的科学家就着手研究受控热核反应。要想使氢发生核聚变，必须使核与电子分开，形成等离子体。但是，由于当时对产生聚变反应的高温等离子体认识的不深入，使受控热核聚变研究遇到很大的阻力，甚至一度认为是不可克服的困难。因此，到 50 年代末期，受控热核反应研究相对来说比较消沉，主要是寻找基本理论根据和物理实验研究工作。

经过 10 余年的努力，科学家们在约束时间的研究工作中有了不小的进展。1969 年，苏联使用托卡马克三号（环流器）装置，把密度只有空气百万分之一的氘在几千万度的高温下保持了 0.01 秒。别看这个时间很短，但对核聚变反应来说，已经是相当长了。

目前，受控热核聚变的研究正沿着磁约束和惯性约束两条途径进行，而且都取得了可喜的成果。1972 年，美国科学家尼柯尔斯和华德等，提出激光聚爆的具体方案；1978 年，美国普林斯顿大学等离子体物理实验室的大型环流器,用注入高能中性粒子束的方法加热等离子体,大大提高了等离子体的温度,这使很多研究者受到极大的鼓舞,说明受控热核聚变点火温度已不再是可望不可即的了。然而要完全实现聚变核反应释放出能量的实际应用,还有大量的具体工作。

名句箴言

劳动永远是人类生活的基础，是创造人类文化幸福的基础。

——恩格斯

和平利用原子能

第二次世界大战末期，美国向日本广岛和长崎投下原子弹，造成巨大的杀伤和破坏，迫使日本迅速宣布无条件投降，显示了原子能的巨大威力。但是，两颗原子弹杀伤的数十万人，几乎都是无辜的和平居民，因此也引起了全世界人民的强烈反应，更多的人开始觉醒，反对使用原子武器的正义呼声日益高涨。

原子弹爆炸时,核裂变的主要发现者哈恩正在英国受监禁,他听到这个消息时几乎惊呆了,他根本没想到他的科学发现竟被用来制造超级杀人武器,这种可怕的后果令他心情无法平静。

当初,爱因斯坦、西拉德、泰勒、维格纳等科学家,建议美国研制原子弹的目的,是为了避免纳粹德国抢先生产和使用原子弹而给人类造成无穷的灾难。可是,到1945年初,他们确知德国根本没有研制原子弹时,便又转而担心美国使用原子弹去轰炸别的国家。于是爱因斯坦、西拉德、维格纳等科学家积极为反对原子弹而奔忙,他们写信给美国总统,联名上书给国防部部长,给白宫写紧急请愿书,呼吁反对原子弹。然而这些科学家的行动无济于事,原子弹仍然问世并用于战场,造成日本50万和平居民的巨大灾难。

1945年12月10日,爱因斯坦在纽约纪念诺贝尔的宴会上发表演说,希望以此唤起科学家的社会责任感,努力为争取世界和平、社会进步和人类福利而研究科学。

原子能的和平利用始于第二次世界大战之后。1951年,美国在爱达荷州建成一座增殖反应堆,12月20日这座反应堆释放的核能第一次发出了电力。这次实际试验证明,原子核能发电是可行的。

1954年6月27日,苏联在奥布宁斯克建成世界上第一座原子能发电站,这座核电站的反应堆是浓缩铀石墨水冷却堆,热功率3万千瓦,发电功率5000千瓦。虽然5000千瓦并不很大,但它揭开了人类和平利用原子能的新纪元。

1956年10月17日,英国的考尔德·哈尔核电站投产运营,它的核反应堆是天然铀石墨二氧化碳气冷堆,发电功率为9万千瓦;1958年5月26日,美国威斯汀豪斯公司在宾夕法尼亚州的希平波特建成一座小型民用核电站,发电功率为6万千瓦。此后,法国和其他一些国家也先后建立核电站,开始了大规模利用原子能发电的新时期。

到20世纪80年代中期,全世界有30个国家的400余座核电站营运发电,装机总容量达2.5亿多千瓦。而且专家们估计,今后核电在能源中的比重会越来越大,它是一种最有前途的能源。

核电站之所以能迅速发展起来,首先是因为核电能源强大。我们拿核能与化学能做个比较,1公斤混合好的碳和氧发生燃烧变成一氧化碳会放出920千卡的能量,而1公斤汞原子核裂变则放出100亿千卡的热量,核能比化学能大1000万倍。据计算1公斤铀—235原子核完全裂变释放的能量,相当于3000吨煤燃烧的能量。这么高的能量是从哪里来的呢?科学家们已经知道,这些能量是由质量转化来的。根据爱因斯坦的质能关系式,可以计算出核反应能量的大小。例如,重原子铀核裂变时,有0.1%的质量转化为能量,1公斤铀裂变放出的能量为1×10^{15}焦耳。

从经济的角度看,核电是一种廉价的能源。早期的核电站,由于功率小,基本建设投资较大,成本比较高。但核电站的燃料和运行费用比较低,因此,核电站功率越大越经济,成本也越低,一般都要在100万千瓦以上。到了80年代,由于大功率核电站技术已经成熟,其发电成本已经比一般的火力发电低30%左右。普通火力发电站仅燃料煤的运输和贮存就要花费不小的资金,而核电站的燃料用量少、体积小、重量轻、贮存和运输都相当方便。正因如此,核电站可以建造在运动的装置上,如核电驱动的舰船等。

从燃料资源来看,核电站所用的燃料铀,在地壳中是一种相当普遍的元素,平均每吨岩石中有2克铀,比黄金多几百倍,只是分散而已,现已勘察有开采价值的铀矿储量几百万吨。海洋中含铀更多,有数十亿吨,从海水中提取铀的方法业已研究出来。还有元素钍等,也可以用做核电站的燃料。

从环境保护的角度来看,核电是一种最干净的能源。普通火力发电厂以煤为燃料,煤在燃烧过程中生成大量的二氧化碳,这就加剧了地球的温室效应;石油燃烧时,除放出二氧化碳之外,还有氧化氮和二氧化硫等有害气体,不仅严重污染空气,还能造成酸雨。核电站利用核反应堆释放的热能,使水变成高温蒸气,推动蒸汽轮机旋转,从而带动发电机发电。核电站反应堆使用的燃料铀,裂变的最终产物是钡和氦,这一过程几乎不产生任何有害气体和烟尘,因此,只要正常运转,核电站就很少对环境造成污染。国际原子能机构总干事布利克斯指出,如果我们这个世界既想满足能源需要,又不至威胁自然环境,就必须更多地使用核电。

既然原子弹的爆炸威力那么大,核电站会不会爆炸呢?这就是核电站的安全问题,也是核能利用的首要问题。核电站的反应堆与原子弹不同,反应堆的中心部分是活性区,它由燃料棒、减速剂、冷却剂和控制棒组成,活性区外包着石墨反射层,再外面是水和水泥制作的保护层,还有其他安全保护装置和自动报警、自动控制等装置。这就是核电站防止核泄漏和爆炸事故的安全措施,我们可以称之为"层层设防"和"自动保安"。反应堆里的每根燃料棒重量受到严格限制,如果使用纯铀就不得超过 260 克。核裂变反应自始至终受到严格控制,整个反应过程既不过快,也不过慢或停止,而是保持在一定水平上进行。

反应堆中,每根燃料棒彼此被减速剂和控制棒隔开,减速剂的作用是使核裂变产生的快中子能量减小而变为慢中子,因为快中子很容易在击中铀核之前就飞出去,只有慢中子才能有效击破铀原子核。1 个快中子撞击 200 个碳原子或 50 个重氢原子后变为慢中子,纯碳石墨和重水是常用的减速剂。冷却剂的作用是保持反应堆内的温度不致过高,以免烧坏或造成熔堆事故,同时把核裂变释放的热能输送出去。

水、重水、二氧化碳等都可用做冷却剂,如果用水作冷却剂,可以直接变成高温蒸汽去推动汽轮发电机发电。

控制棒能吸收中子,它用金属镉做成,所以也叫镉棒。如果把镉棒插入反应堆孔洞很深,它就会吸收大量中子,使核裂变速度放慢,甚至完全停止;把镉棒拉出来一些,则会有较多的中子自由活动,使反应加快。通过改变镉棒插入的深度,来调节自由中子的数量,达到控制核裂变链式反应速度的目的,这就像管道阀门控制气体和液体流量一样。因此,正常运转的核电站不会爆炸。

虽然,核电站也不时发生各种事故,有时是严重事故,例如 1979 年 3 月 28 日美国三英里岛核电站的泄漏和 1986 年 4 月 26 日苏联切尔诺贝利核电站爆炸,等等。但是,事故使人们接受经验教训,变得更聪明、更科学,使核电站技术更成熟,运行更安全可靠。因此,核电站的发展越来越迅速,核能的利用越来越安全。

名句箴言

无私是稀有的首选，因为从它身上是无利可图的。

——布莱希特

人工合成超铀元素

现在，化学元素周期表中一共有109种化学元素，排在第92号元素铀以后的元素称为超铀元素。迄今发现的绝大部分超铀元素，都是人工合成的放射性元素。

20世纪30年代初，化学元素周期表中最后一个元素是铀。1934年，意大利出生的美籍物理学家费米提出，铀不是元素周期表的终点，应当有原子序数大于92的超铀元素。1940年，美国科学家麦克米伦等利用中子照射氧化铀薄片，发现了第一个人工合成的超铀元素——第93号元素镎，从此开始了人工合成超铀元素的新时代。

费米

紧接着，美国化学家西博格又发现了第94号元素钚，麦克米伦和西博格两人都因对超铀元素的研究和发现而荣获1951年度的诺贝尔化学奖金。

后来，科学家们发现，镎和钚在自然界中也有存在，主要是在铀矿中。然而，天然铀矿中的镎和钚含量微乎其

麦克米伦

微,供研究和应用的全部超铀元素几乎都由人工方法合成。

人工合成超铀元素的主要途径有两大类核反应。一类是中子俘获反应,它以铀原子核为起始核,利用一次或几次俘获中子的核反应,再经过一次或几次 β 衰变,使铀原子核所带的正电荷,即核电荷——原子序增加 1 或几,从而获得超铀元素。例如在原子核反应堆中铀核经中子长期照射,逐步俘获中子并进行 β 衰变后生成钚,再以钚制备镅、锔、锎等,直至生成 100 号元素镄。

另一类是带电粒子核反应。由加速器产生的高能粒子轰击作为靶子的元素(靶元素),形成激发态的复合核,然后通过蒸发失去一定数目中子即可得到比靶元素更重的元素。早期合成超铀元素研究中,多用加速的 α 粒子等较轻粒子轰击相应的靶元素。但由于无法生产出可称量的超过 100 号的元素,所以 102 号以后的元素,都是选择适当重量的较重离子(如碳、氧、氖等)来轰击作为靶的重元素。例如,1970年,美国用加速到 85 兆电子伏的高速氮—15 核轰击 60 微克作为靶元素的锎—249 核,得到 105 号元素。

通过人工方法合成超铀元素,原子序越大,自发裂变概率越大,半衰期越短。例如,101 号元素钔同位素中半衰期最长的 56 天,而 106 和 107 号元素的半衰期不足 1 秒,这就给更重的元素合成和鉴定带来严重困难。目前,世界上人工合成超铀元素每年产量,钚为几吨,镎、镅、锔为数十公斤,96 号以后的元素更少，每年全世界人工合成的 98 号元素锎仅有数十克。对原子序数大于 100 的元素，人工合成产物低得可怜，一次实验往往只能产生几十个甚至几个原子。例如，1955 年第一次合成 101 号元素钔时，用加速的高能 α 粒子轰击第 99 号元素锿—253 核，3 个小时才产生 1 个钔—256 原子。好在科学家们已经发明了高度灵敏的辐射探测仪器并掌握了非常高超的辐射探测技术，他们在仪器上安装了一个警铃，只要有一个钔原子生成，它衰变时放射出的标志辐射就会使警铃发出很响的声音，证明钔原子的存在。

1982 年，前联邦德国达姆斯塔特国立重离子研究实验室用加速器进行合成新元素试验，他们以铁—58 为子弹，以铋—209 为靶子，用铁—58 轰击铋—209。由于两种原子核发生聚变反应的机会很小，概率仅为十万亿分之一，即 10^{-14}，科学家们进行了长时间耐心地实验，经过一个星期的等待，最后才合成了 109 号元素的 1 个原子。

从 1940 年以来，全世界已经用人工合成的方法，制得了从 93 号到 109 号的 17 种超铀元素、160 多种同位素。其中，第 99 号元素锿和第 100 号元素镄，都是 1952 年美国在比基尼岛上进行热核实验（氢弹爆炸）中获得的。在人工合成超重元素方面，美国、苏联和欧洲科学家做出的贡献最多。

1964 年，苏联报导合成了 104 号元素；1969 年，美国也报导合成了 104 号元素；1967 年，苏联报导合成了 105

号元素；1970 年，美国也报导合成了 105 号元素。苏联和美国分别为这两个元素命名，引起激烈争论。后来，国际纯粹和应用化学联合会（无机化学命名委员会）规定从 103 号以后的元素命名，以拉丁文和希腊文数词连接起来，加词尾表示，元素符号采用各数词第一个字母连接起来表示。从此，元素命名就不再争论了。

人工合成的超铀元素对核能的发展和利用有重要意义。钚—239 是反应堆和核电站的重要燃料；钚—238 用于制造心脏起搏器；钚—238、锔—242、锔—244 用于制造气象卫星和航天技术上的热电源；锎—252 用做体积小、产额高的自发裂变中子源。此外，人工合成超铀元素对探索物质结构、元素起源、寻找更重的超铀元素，扩展元素周期表等都有重要的理论意义。

名句箴言

人只有献身社会，才能找出那实际上是短暂而有风险的生命的意义。

——爱因斯坦

从晶体三极管到集成电路

晶体三极管的诞生

1948 年 7 月 1 日，美国《纽约时报》用 8 个句子发表一条短讯，首次公开报道了晶体管诞生的消息。实际上，这项发明早在半年前就完成了。

人们对半导体的研究很早就开始了。1878 年，发现方铅矿晶体能够单向导电,但是限于当时的科学水平和技术条件,没有找到它的实用价值。1895 年,意大利科学家马可尼在研究无线电检波器时想利用这种晶体。到 1906 年,简单矿石检波器制成,这就是现代半导体二极管的原型,它曾风行一时,广泛应用于检波。

但是,由于晶体二极管工作不稳定,而当时真空二极电子管性能良好,日臻完善,矿石检波器渐渐让位于真空二极管检波器,这种矿石也渐渐被人遗忘。

后来,由于真空二极管无法用于高频检波,人们又重新想起那被遗忘的矿石晶体,不过,人们后来采用的是经过提炼和加工的锗、硅半导体晶体。用这种材料制成的检波器,结构非常简单,检波效率很高,在第二次世界大战的微波雷达应用中起了很大的作用。当时德国致力于硫属半导体红外探测器在军事方面应用的研究,而美国把重点放在硅和锗上。

早在 1928 年,就有人提议用半导体材料制作和电子管功能相当的晶体管,但是,由于当时还缺少研究半导体电子特性的固体物理学知识,而且按温度、压力、化学组成等宏观概念生产的半导体材料,在微观结构上是混乱的,没有规律,其电子特性有很大的偶然性。加之当时电子管正方兴未艾,社会还没有取代它的迫切需要,所以晶体管暂未问世。

随着固体物理学的发展,晶体生长理论和生长技术的发展,高纯度的晶体锗也生产出来了,这就给晶体管的研究创造了条件。

贝尔电话实验室是美国著名的电子学研究中心,它不仅开展应用技术的研究,而且重视基础理论研究。实验室执行副主任、著名晶体管专家凯利,在考虑中、长期电子学发展问题时,接受了固体物理学专家肖克利的主张:"半导体应该是一个值得探索的方向",决定加强半导体的研究。

1945 年夏天,贝尔实验室确定了一项科研工作任务书,这个任务书由执行副主任凯利签字,由弗莱彻和费斯克批准,科研工作任务书上面写着:"科目:固体物理学——半导体、导体、电介质、绝缘体、压电和磁性材料。""陈述:……现代固体构成理论指出,寻找物理和化学方法以控制构成固体的原子和电子的排列和行为,以产生新的有用的性质的极大可能性是存在的。"这个文件签署几个月后,成立了以肖克利、巴丁和布拉坦为核心的固体物理研究小组。

肖克利 1910 年 2 月 13 日生于英国伦敦,有很高的固体物理理论造诣,从事固体物理学、金属学、电子学等等基础理论的研究。1936 年,获得物理学博士学位,同年进入贝尔实验室工作。1949 年,提出 PN 结理论。巴丁 1908 年 5 月 23 日生于美国威斯康星州,原是大学教授,1945 年,参加贝尔实验室工作,对半导体的体内与表面现象研究很有兴趣。布拉坦 1902 年 2 月 10 日出生于中国厦门,从 1929 年起在贝尔实验室作技术工作，是一个实验物理专家。他研究的主要理论是固体表面性质。参加固体物理研究小组的还有物理学家皮尔逊、物理化学家吉布内和电子线路专家摩尔，他们个个年富力强。由他们组成的科研集体，既有相当深厚的固体物理理论修养，又有丰富的实验技术经验，他们研制的目

肖克利

标是，发现控制半导体中电子流动的方法，探索一种能排除电子管缺陷并起到放大作用的电子器件，并以硅、锗这类半导体作为主攻目标。

在一次实验中，他们无意中发现电解液下面的锗表面形成了一层氧化膜。所以，为了提高工作频率，他们决定不用动作缓慢的电解液，而直接在绝缘的氧化膜上蒸发一个金点作为电极，金点与锗片之间由氧化膜绝缘。在金点中央留一个小孔，让导线针尖与锗片接触。在实验时，由于针尖与金点之间的距离太近而引起放电，破坏了中央附近的金点。但是，当他们把针尖移到金点边缘上时，意外地发现了一个新的效应。原来，在清洗掉硼酸二醇时，他们不慎把易溶于水

的氧化膜也洗掉了,因而,金就蒸发在锗表面上。当在金点上加一个很小的电压时,流进锗表面的空穴流,极大地增加了从锗流向针尖的电流,而针尖相对于锗片处于很高的反向偏压下。

这个新出现的情况出乎实验者的预料,打乱了他们的思路。要想按照原来的设计作出实用的器件来已不可能了,那缕刚刚出现的曙光,又似乎被晨雾所掩遮。

但是,这些年轻的科学家一点也不气馁,他们决定在锗表面上做两个充分靠近的点接触。1947 年 12 月 19 日,他们在锗表面上做的两触点间的距离小于 0.4 毫米,但是,由于灵敏度太低,未获成功。

针对这次失败的原因,他们进行讨论分析和计算,有了成功的把握,4 天之后,他们做了一个突破性实验。布拉坦是这样记述的:"我们决定在锗表面上做两个靠得比 2 密耳(约 0.05 毫米)还要近的触点,而我们用作点接触的最细的导线直径是 5 密耳,这在工艺上提出了难题。不过,由于技术助手的帮助,我做到了这一点。他剪了一片三角形的塑料片,并在其狭窄而平坦的侧面上牢固地粘上金箔。我们先在金箔的两端连接引线(并通以电源),以便检查金箔是否被割开,我小心地使用薄刀片从三角形塑料片的顶端把金箔割成两半。然后,用弹簧加压的办法,把塑料片连同金箔一起压在经过处理的锗片上······我发现,假若我轻轻地摇动它,使它处于最佳的接触位置,我就得到了半导体同金箔两端的两个触点。一个当成发射极而另一个当成集电极。这样,我就得到了一个放大倍数达 100 量级的放大器,而且直到音频还是清晰的。"这就是世界上第一个固体放大器晶体三极管。在实验笔记上,布拉坦写道:"电压增益 100,功率增益 40……亲眼目睹并亲耳听闻音频的人有吉布尼、摩尔、巴丁、皮尔逊、肖克利、弗莱彻和包文。演示是在 1947 年 12 月 23 日下午做的。"在布拉坦的笔记上,皮尔逊、摩尔、肖克利等都分别签上自己的名字和日期,表示认同。

他们在做了放大演示之后,有人打电话来问,做了振荡实验没有。布拉坦回答说:"还没有,但是任何装置只要放大量大于 3 分贝,就一定会振荡。"对方说:"那么你就使它振荡,并要目睹现场。"因此,他们就在第二天,12 月 24 日做了振荡实验。

放大器做出来后,布拉担与皮尔逊把它命名为晶体管,取意来源于英文缩写,为跨阻。

晶体管发明之后,他们并未立即公布,他们要先把原理搞清楚,而且也要重复实验,使它有更高的可靠性,然后才公开秘密。在此期间,他们的确也曾担惊受怕,生怕别人也发明了而且率先公布。这种担心是有道理的,因为搞这方面研究的并非独此一家。1948 年初,即在贝尔实验室发明晶体管之后的几个星期(秘密尚未公开),在美国物理学会的一次会议上,柏杜大学的布雷和本泽做了一个报告,阐述他们对锗的点接触方面进行的实验并有所发现,布拉坦也在听众席上。布拉坦很清楚,他们所报告的就是少数载流子的行为,而且,他们的实验跟发明晶体管的距离非常接近。会后,当布拉坦和布雷在交谈时,布拉坦非常紧张,很怕泄密给对方。布拉坦追忆说:"我只让他讲话,而我自己却不开口。"当布雷说:"你知道,如果在锗表面另放一个接触点,再测量电势差,我们将发现会有什么现象发生"。布拉坦更是捏一把冷汗,只好含糊其词地回答:"对,布雷,我想那将是一个很好的实验"!讲完之后,布拉坦再也不敢与布雷多谈,便急急忙忙地走开了。布雷在后来知道了贝尔实验室的秘密后,有点惋惜地说:"如果把我的电极靠近本泽的电极,我们就会得到晶体管的作用,这是十分明白的。"的确如此,但贝尔实验室毕竟险胜了。

肖克利、巴丁和布拉坦三人由于发明晶体管以及在半导体理论方面的贡献,而共同荣获 1956 年度诺贝尔物理学奖金。

晶体管的发明在半导体技术和整个电子学的发展史上是具有划时代意义的,它开创了电子学的新纪元,使电子设备逐步踏上固体化征途,并促进许多新兴科学的发展。如果说第一只真空三极电子管的诞生曾给电子技术带来希望,使它为现代电子技术起步提供了物质准备,那么晶体三极管的问世,再次给电子器件的发展带来了光明,它使电子技术开始了一个新的里程。

从晶体管到集成电路

第二次世界大战以后,通讯、导航、监测、航空、计算机等部门,大量使用电子设备,电子设备不但数量急剧增加,而且结构也愈加复杂,它们所包含的电子器件数目成倍增长。这样一来,电子设备单机元件的多少,便成为电子技术水平的重要标志。电子元件的激增,必然使电子设备体积和重量猛增,而可靠性降低、成本升高。

晶体管的出现,为日益复杂的电子设备带来了福音。晶体管使电子设备体积缩小、耗电减少、可靠性提高。由于晶体管形成大规模工业化生产,其售价便宜,使电子设备成本也大幅度降低。然而,电子元器件的这些变革,仍然满足不了电子工业迅速发展的需要。以一台中型电子计算机为例,它的电子元件数高达上百万个,单机元件增多,暴露出晶体管自身的缺陷。

历史又戏剧性地重演,当年晶体管与电子管的激烈较量中,电子管的体积、重量、可靠性和成本等缺点,又重新出现在晶体管面前,而且再一次上升为电子技术发展中亟待解决的首要问题。对导弹、火箭、人造卫星和宇宙飞船来说,迫切需要轻便、小巧、可靠的电子设备,晶体管已达不到这个目标了,因为在更小而灵敏的电子设备中,晶体管也显得太大、太重和不够可靠了。

为了克服晶体管的这些弱点,科学家想尽办法使它的体积变小,与之配套的电阻、电容、线圈、继电器、开关等元件,也沿着小型化的道路被压缩成微型电子元器件。晶体管一次又一次地缩小,最小的已达到只有小米粒一样。然而,晶体管本身的小型化当然不是无限的,它达到一定程度后就很难再缩小了。

于是人们又转而着手做改革装配技术的尝试。专家们将小型晶体管和其他小型电子元件,紧密地排在一起装配在薄薄的带有槽孔的绝缘基板上,用超声波或电子束焊接好,再把这安装好的基板一块块地重叠起来,构成一个高度密集的立方体,形成高密度装配的"微模组件"。采用这种方法,最高可以把200多万个元件封装到一立方米的体积中。这几乎达到封装密度的极限,再想增加已经无望了。

然而,无数事实表明,电子设备中焊接点越多,出故障的可能性愈大。微模组件虽然缩小了元件所占的空间,但并没有减少各元件之间的焊接点数目。因此,微模组件也就没能提高电子设备的可靠性。同时,由于元件过分密集,装配很不方便,劳动强度增加了,所以电子设备的成本便不可能降低。这样一来,要想继续改进电子设备,必须另辟蹊径,探索小型化的新道路。

首先是在晶体管身上打主意，人们发现在晶体管内部结构上蕴藏着小型化的巨大潜力。实际上，晶体管中真正起作用的部分只是芯片，按照理论计算，一个小功率晶体管芯片面积只要数十微米的地盘就足够用了。但是，由于操作人员不可能在更小的尺寸范围内精确处理，芯片往往在0.5平方毫米大小，这就是说，晶片面积的99%没用上而白白浪费了。而且，一个晶体管除了芯片以外，还有引线、支架、管壳和底座，芯片的重量只占整个晶体管重量的0.03%左右，芯片的体积也只占总体积的0.02%，是为了充分利用这些闲置壳内，然后把各晶体管的电极引线引出管壳之外。但立刻又发现这种做法有很大的局限性，不仅不能充分利用晶体管内部的有效空间，相反的，过多的焊接点往往会导致晶体管报废。就整机而言，焊接点并没减少，可靠性仍没能提高。至此为止，晶体管的小型化似乎已经到了尽头，面临绝境。

但是，尽头也好，绝境也好，都是由于人们头脑中传统电路观念所造成的结果。人们仅仅是在维护分立状态、单独元件的基础上去缩小尺寸，思想观念的束缚自然就束缚了手脚。

后来，人们在线路构成过程中得到启发，一个电路的组成，无非是把整体材料分割开来，做成各种不同的独立元件，分担单独的功能，然后把这些分立的元件彼此焊接、组装到一起,成为一个完整的线路,完成整体综合功能。这是从整体到分立再到整体的反复过程,难道这个分而合的往返是必经之途、必由之路吗?是不可逾越的鸿沟吗?为什么不可以将各分立元件直接集合在整体材料上呢?为什么不可以将各分立元件的功能直接体现出来呢?也就是说,按电子设备功能要求,在整体材料中把各种功能的元件集成为一个系统电路。

1952年,美国雷达研究所的科学家达默,首先提出了这个闪光的技术思想。在一次电子元件会议上,达默指出:"随着晶体管的发明和半导体研究的进展,目前看来,可以期待将电子设备制作在一个没有引线的固体半导体板块中。这种固体板块由若干个绝缘的、导电的、整流的以及放大的材料层构成,各层彼此分割的区域直接相连,可以实现某种功能。"这就免除了整体材料的分割独立和独立元件的相互焊接过程,即可缩小体积,又可减少焊接点,提高可靠性。

把电子线路所需要的整流、放大、绝缘、导电等功能元件,统统制作到一块半导体晶片上,晶片就得到了充分利用,一小块晶片就变成一个完整电路,组成电路的各种元件——晶体管、电阻、电容及引线集合成一个不可分割的密集整体,从外观上已不能分辨哪个是晶体管,哪个是电容器,哪个是电阻了,传统电路中功能各异的分立元件界限消除了。这样一来,电子线路的体积就大大缩小,可靠性明显提高。

达默提出的半导体集成电路的光辉思想，是电子学观念的一次重大革命，它给电子学发展带来一次巨大的飞跃，是对微电子学技术的杰出贡献。美国科学界很快就接受了达默的思想，为了科学技术、国防和军事、经济建设和宇宙开发等各方面需要，美国政府不惜任何代价资助这项研究。

1956年，美国材料科学专家富勒和赖斯，发明了半导体生产的扩散工艺，能够实现达默的集成电路思想，为研制集成电路提供了具体工艺技术。

1958年，美国得克萨斯仪器公司的青年工程师基尔比，受达默思想的启发，大胆地提出了用一块半导体硅晶片制作一个完整功能电路的新方案。他在研制微型组件的晶体管中频放大器时，用一块硅晶制成了包括电阻、电容在内的分立元件实验电路，实验结果非常令人满意，全部用半导体材料制作的电路，完全行得通。得克萨斯仪器公司的老板非常高兴，全力支持基尔比的研究工作，基尔比和他的助手很快就研制出第一批集成电路，经实际应用检验，效果非常好。

到1958年年底，他们已经解决了半导体阻容元件和电路制作中的许多具体工艺问题，筛选、确定了集成电路的标准封装尺寸，为大规模工业生产做好了各项准备。

1959年，美国仙童公司的诺伊斯研究出一种平面工艺，特别适合于制作半导体集成电路。他巧妙地利用二氧化硅对各种杂质的屏蔽作用，在硅片上的二氧化硅薄层刻蚀出窗口,在这些窗口中扩散具有一定特性的材料,从而形成具有不同功能的各种元器件。同时又应用了 PN 结的隔离技术,并在二氧化硅膜上沉积金属作为连线,从而最终完成了集成电路制作的全部工艺。紧接着,光刻工艺和其他技术也相继发明,以致人们可以把晶体管和其他功能的电子元件压缩到一小块半导体硅晶片上。

1961 年,开始批量生产半导体集成电路,并很快应用在电子设备上,首先是应用在各种计算机的制造上。当时,美国得克萨斯公司同美国空军合作,很快就制成第一台试验性集成电路计算机。该机共有 587 块集成电路,重量只有 285 克,体积不到 100 立方厘米,功耗仅仅 16 瓦,运行可靠,工作准确无误,充分显示了集成电路的技术先进性和强大生命力。

自集成电路问世以来,电子学掀起了风驰电掣的"集成化"运动,微电子技术也迅速地向前发展。

60 年代初期,由于集成电路制作工艺还不十分成熟,单块集成电路所包含的元件数目只有 200～300 个,实际就是一块集成电路具有 200～300 个单独分立元件组装到一起的总体功能。随着集成电路工艺技术的进步和成品率的提高,人们进一步设想在单块集成电路中包含尽可能多的晶体管和其他功能电子元件,以提高集成电路的集成度。甚至希望把一个线路系统或一台电子设备所包含的所有晶体管和其他电子元件统统制备在一块晶片上,这样,一块集成电路就是一个复杂的电子线路系统或一台电子设备,从而大大缩小体积、减轻重量、降低成本、免除焊接、提高可靠性,这就是大规模集成电路。1969 年,制成了 D—200 机载计算机,其中央处理机仅仅由 24 块大规模集成电路组成,功率只有 10 瓦。

从本质上来讲,制造大规模集成电路的成本、过程、工艺技术的复杂程度,与小规模集成电路基本相同,从理论上看,可以制成集成度很高的超大规模集成电路。

1978 年,在美国电气电子工程师协会固体电路年会上,集成电路的创始人基尔比和平面工艺的发明人诺伊斯,被公认为集成电路的发明人,并授予特等发明奖。集成电路的研制成功,是电子技术史上的一次重大革命,是电子技术发展道路上的一个新的里程碑,它标志着微电子技术的伟大开端。

1969 年,英特尔公司的年轻物理学博士霍夫,正在平面工艺发明者诺伊斯指导下从事研究工作。当时,日本比西康电子计算机公司,向英特尔公司订购小型化集成电路块。为了满足日本公司的要求,诺伊斯把这个任务交给了 31 岁的霍夫博士,霍夫为此冥思苦想。在霍夫的办公室里,挂着贝尔的一句格言:"有时需要离开常走的大路,潜入森林,你就肯定会发现前所未有的东西。"一天晚上,霍夫正对着贝尔的格言陷入沉思时,忽然闪出一个念头,为什么不把计算机的逻辑电路设计在一块半导体硅晶片上,而将输入、输出和存储器电路放在另外一块半导体硅晶片上呢?

于是,霍夫的思路豁然开朗,他随即把自己的想法写在纸上:把日本设计的台式计算机逻辑电路压缩成 3 片,即中央处理机、存储器和只读存储器,只读存储器提供驱动中央处理机工作的程序。正是由于霍夫的大胆设想、勇敢创新,才导致了世界上第一个集成电路微处理器的诞生,时间是 1971 年 11 月。

大胆的设想,合理的设计,是集成电路问世的基础,要使它变为现实,还必须有先进的工艺和具体技术做保证。继扩散工艺、平面工艺之后,又发展了分子束外延单晶生长、离子束刻蚀、电子束曝光、电子计算机辅助设计和制造技术,使集成电路进步到大规模集成电路的新阶段。当年基尔比在一块半导体单晶片上,只不过集成了几个晶体管和阻容元件,如今,在一块几毫米见方的硅片上,已经能够集成几十万个、上百万个元器件了,到 1985 年初已达 200 万个了。

风靡全球的超导热

1986 年 4 月,美国国际商用机器公司(代号为 IBM)所属的瑞士苏黎世研究所,传来特大科学新闻,瑞士物理学家米勒和德国物理学家贝德罗兹宣布,他们用一种陶瓷材料获得转变温度为 30K（即零下 243.15 摄氏度）的超导体。不仅打破了美国科学家保持了 14 年的 23.2K 超导温度记录，而且使用的是人们意想不到的钡镧铜氧体系绝缘体陶瓷。米勒和贝德罗兹的创造性成果很快得到美国、日本等国科学家的肯定，并因此荣获了 1987 年诺贝尔物理学奖。

超导现象早在 75 年前就发现了。1908 年，荷兰物理学家昂纳斯把稀有气体氦低温液化成液体，获得 4.2K（—269.95℃）以下的低温，并且在这样的低温下测量各种纯金属的电阻。1911 年，莱顿实验室揭开了超导研究历史的第一页。为了确定低温下纯金属的电阻变化规律，昂纳斯首先用纯汞（水银）做实验，当温度下降到液氦沸点 4.2K 时，昂纳斯的学生霍耳斯特发现，电压突然降到零。起初，他们以为是发生短路了，仔细检查之后，他们确认，在 4.2K 附近的 0.02K 温差范围内，汞的电阻陡然下降到实际为零，莱顿实验室的仪器已经无法测量出来。接着，他们又向汞中加入杂质，甚至利用汞和锡的合金做实验，也是如此。昂纳斯还发现锡、铅等金属也有类似现象，昂纳斯就把低温下电阻为零的现象称为超导电性，并且指出，在 4.2K 的低温条件下，汞进入了一种新的状态，称为超导态。昂纳斯因此而荣获 1913 年诺贝尔物理学奖。

电阻为零是超导体的最显著特征，如果将一个金属环放到磁场中，突然撤去磁场，金属环内就会出现感生电流。由于金属有电阻,使电能转变成热能,感生电流就会逐渐衰减,直到完全消失。如果金属环处于超导态,即金属环是超导体,电阻为零而感生电流会毫不衰减地维持下去,这种持续电流已在多次实验中观测到。测量超导环中持续电流变化的实验多次重复,其中铅超导环的电阻率是室温下铜电阻率的千万亿分之一(即 10^{-16}),铅超导环的电阻率确实为零。

1933 年,德国科学家迈斯纳和奥森费尔德发现,物体处于超导态时,其内部磁场强度也是零,这就是说磁力线不能穿过超导体,或者说超导体具有完全的抗磁性,这就是迈斯纳效应。

现在已经发现,28 种元素、数千种合金和化合物是超导体。

早期的超导材料是纯金属,当时人们根据正常状态下金属导电性好,纯金属应当更好。虽然金、银是最好的导体,但价格昂贵又不好提纯,昂纳斯选择水银做为第一个实验样品,是因为水银便宜,容易蒸馏提纯。纯金属超导研究持续 20 多年,几乎试遍了所有的元素,超导温度始终没有高过 10K。

从 1930 年开始研究合金和金属化合物,经过 40 多年以后,1973 年美国科学家发现了铌三锗,超导临界温度达到 23.2K,略高于液氢沸点。

到 60 年代初,进入超导技术的应用准备时期,1961 年用超导线圈绕制磁体产生 10 万高斯的强磁场，这种体积小、重量轻、电能损耗小的超导磁体有极大实用价值。1969 年，英国研制成一台 3250 马力的直流超导电机，转速为每分钟 200 转，经两年多负载运行试验基本成功。同时还提出了超导磁悬浮列车的建议，超导计算机的研制也开始了。

与此同时，人们开始注意氧化物的超导研究。70 年代，法国国家科研中心格雷诺布尔相转变研究组的查克拉维蒂发现，导体、超导体和绝缘体，分别对应于物质电磁特征的三个相态，彼此并无不可逾越的截然鸿沟。从导体变为超导体，由 BCS 理论所阐明的是电子长程相关转变；而超导体与绝缘体之间却是短程相关转变。然而查克拉维蒂的研究成果很少有人知道，他的这种观念突破也很少有人接受。1973 年测得锂钛氧化物的超导转变温度为 13.7K；1975 年制得掺杂铋的铅酸钡，超导临界温度为 13K。虽然这些物质超导温度都没有超过合金，但是提出了超导体的新观念，即用氧化物做超导材料。

氧化物陶瓷，一直是电气行业中的绝缘体，广泛用作电绝缘器件，用不导电的陶瓷充当没有电阻的超导体，简直不可思议，这对人们的观念是何等强烈的冲击啊！那么米勒和贝德罗兹是怎么发现这种与常规背道而驰的现象呢？事情的道理并不复杂，经过也很简单。

1983 年，米勒和贝德罗兹接受了法国科学家查克拉维蒂的新思想和新观念,开始探讨镍基氧化物的超导电性,两年的时间过去了,结果一无所获。1985 年夏天,他们看到法国冈城晶体和材料科学实验室发表的文献,是关于钡镧铜氧化合物方面研究工作的,于是决定研究这种混合价的铜基氧化物的超导电性。他们采用一套与法国冈城不同的方法,制得三相混合物,其中只有一种是钡镧铜氧化合物,呈八面体层状结构,与钙钛矿结晶一样。他们用这种物质测定超导电性,发现温度降到 35K 时电阻突然消失,35K 与 4.2K 相比是个相对高的温度,高温超导研究的新篇章就这样揭开了。

实际上,冈城晶体和材料科学实验室 1981 年就合成出来这种钡镧铜氧化合物。1984 年,该实验室还公布了这种化合物的结构、液态氮沸点温区的电学性能等,可惜他们没有把温度再下降而继续测定,否则高温超导的发现恐怕就不是瑞士苏黎世,而是法国冈城了,时间也会提前两年。当时的冈城晶体和材料科学实验室为什么没有继续向低温测试呢?是由于他们当时没有更低温度的测量设备吗?这可能只是问题的一个方面,根本问题是他们没有这方面的思想基础。冈城晶体和材料科学实验室当时研究变价铜基氧化物的目的,是为了寻找非金属导电材料,其意不在超导。而苏黎世研究所的物理学家却是专门寻找超导体,目标非常明确。由于两者的主攻目标、思想准备相差很远,当然就是结果不同的原因了。正如米勒和贝德罗兹在文章中所说,幸运只是他们成功的一个原因,更重要的是他们对变价金属氧化物作高温超导体的可能性已经有长期的理论准备、实验研究和深思熟虑。

1986 年 4 月,米勒和贝德罗兹公布了钡镧铜氧化物陶瓷 35K 超导结果后,日本科学家田中等通过迈斯纳效应验证了米勒和贝德罗兹的实验结果。到 12 月,美国贝尔实验室、日本东京大学和中国科学院物理研究所将钡镧铜氧化物中的钡换成锶,获得 40K 以上的高温超导体;美国休斯敦大学的朱经武教授通过高压法掺杂钡,使钡镧铜氧化合物超导临界温度达到 50K。

此后,在全世界范围内立刻就掀起了一个此起彼伏的超导热。首先,各国研究机构争相公布越来越高的超导温度纪录。1987 年 2～3 月中国、日本、美国和西德的科学家又纷纷宣布,获得了 78.5K～125K 的超导转变温度,这是液氮的温区;4～6 月又宣布超导温度提高到 225K—305K($32℃$);6 月 9 日, 苏联莫斯科大学低温研究所报导说获得 308K($35℃$相当接近人的体温、高于室温)的超导转变温度。

在超导热潮中,各国的研究所、大学、企业转入超导研究的人数大增;美国、日本、中国等纷纷赶着急忙召开大型国际高温超导专题学术会议,参加人数之多、会议规模之大、气氛热烈程度,均属空前。

在风靡全球的超导热中,很多国家的政府、经济、科技部门以各种方式增强这方面的力量，支持这项研究工作，美国、日本和中国等，都由政府直接出面成立专门机构，协调全国企业、大学、研究机构的超导研究工作，并制定全国性发展超导研究与应用的战略方针和计划。美国总统里根亲自出席白宫和能源部联合召开的商业应用超导会议，并发表讲话表示支持；印度总理拉吉夫·甘地亲自出任印度国家科学局和技术局的超导委员会主席；美国、日本、中国、英国、印度等国，都紧急追加拨款，增加研究经费，加速进行超导研究和开发；美国、法国、日本等国已开始贮存和垄断钇和其他重要稀土超导资源。

在此期间，有关氧化物高温超导研究新进展的报导，遍及世界各国的大小报纸杂志上，整个世界好像要成了超导世界，这种单项科学研究形成如此广泛的热潮，在世界科学史上实属罕见。

那么，为什么在瞬间就会形成风靡世界的超导热呢？全世界学术、工业、经济和政界如此重视超导体的研究与开发，是因为高温超导体的开发应用将对人类社会的生产、生活以及科学认识都引起重大的影响。有人认为，高温超导体的发现可以与铁、电的发现对人类所产生的影响相比。有的学者预测，如果液氮温区的超导材料投入实用，将引起全世界工业的小革命；如果室温超导材料实现并投入应用，那将是全世界的一场工业大革命。而且这种前景并非十分遥远，美国的金融专家分析认为,到90年代后期,就能从超导材料上获取大量利益,超导材料在科技、产业、经济上有着重要的应用前途,这就是全球超导热的内在根源。

超导应用给人类带来的影响,可以从超导磁悬浮高速列车略见一斑。一般火车,因车轮与铁轨之间的强力摩擦,速度最高限度为每小时300公里,由于噪声、振动和保证安全等因素,实际运行速度远远低于300公里。如果使车轮离开铁轨,便能大大提高速度,超导磁悬浮就是这种安置。在火车车厢底座安装多组超导磁体,处于悬空的铁轨下方,磁体产生的强磁场与铁轨强力吸引,而把整个车厢抬悬起来,用计算机控制磁体电流大小,使磁体与铁轨间始终保持10厘米的空气间隙。列车由直线感应电动机驱动,其定子亦装在车厢下部,辅设于两条铁轨之间的一条铝质反应轨相当于转子,车厢悬浮时,定子与转子间有20毫米间隙。定子线圈通上交流电时,反应轨即形成感生电流。产生平移的旋转磁场,推动列车前进。磁悬浮列车没有车轮,靠磁力在铁轨上漂浮起来向前滑行,车速高、无噪声、运行平稳、转弯半径小(8米)、可以爬坡。磁体卡在铁轨下,列车不能脱轨,容易制动,安全可靠,特别适合于人口密集的大城市间运行,能耗与火车相近,营运费低。1987年,日本的超导磁悬浮列车载人试运行,速度达每小时408公里,预计可达每小时800公里。

1987年11月30日至12月5日,美国材料研究会在波士顿举行,3400 名各国代表参加了会议,美国休斯敦大学的朱经武教授指出,虽然有各种超导温度的报导,但稳定重复的临界温度仍在 90K～100K(－173℃)。1977 年诺贝尔物理学奖获得者、美国普林斯顿大学的安德森博士认为,BCS 理论无法解释高温超导陶瓷材料的特性,因此,研究的方向一是用各种分析手段从实验和理论,探讨超导物质内在结构,寻找根据,建立新的超导理论;另一方面是用不同成分与比例及不同工艺技术去研制新的超导材料,而最有吸引力的还是超导的实际应用。

　　1987 年 12 月 10 日,随着米勒和贝德罗兹荣获诺贝尔物理学奖,历时两年风靡全球的超导热似乎已经过去。然而那只不过是争先报导超导临界高温记录的消息平静了,实质性的理论探讨和实际性的应用研究正在深入进行,不久将有新的进展和突破。

Follow Me!

跟我来!

物理化学是以物理的原理和实验技术为基础,研究化学体系的性质和行为,发现并建立化学体系中特殊规律的学科。

随着科学的迅速发展和各门学科之间的相互渗透,物理化学与物理学、无机化学、有机化学在内容上存在着难以准确划分的界限,从而不断地产生新的分支学科,例如物理有机化学、生物物理化学、化学物理等。物理化学还与许多非化学的学科有着密切的联系,例如冶金学中的物理冶金实际上就是金属物理化学。

先进的仪器设备和检测手段也大大缩短了测定结构的时间,使结晶化学在测定复杂的生物大分子晶体结构方面有了重大突破,青霉素、维生素 B_{12}、蛋白质、胰岛素的结构测定和脱氧核糖核酸的螺旋体构型的测定都获得成功。电子能谱的出现更使结构化学研究能够从物体的体相转到表面相,对于固体表面和催化剂而言,这是一个得力的新的研究方法。

20 世纪 60 年代,激光器的发明和不断改进的激光技术。大容量高速电子计算机的出现,以及微弱信号检测手段的发明孕育着物理化学中新的生长点的诞生。

20世纪70年代以来,分子反应动力学、激光化学和表面结构化学代表着物理化学的前沿阵地。研究对象从一般键合分子扩展到准键合分子、范德瓦耳斯分子、原子簇、分子簇和非化学计量化合物。在实验中不但能控制化学反应的温度和压力等条件,进而对反应物分子的内部量子态、能量和空间取向实行控制。

在理论研究方面,快速大型电子计算机加速了量子化学在定量计算方面的发展。对于许多化学体系来说,薛定谔方程已不再是可望而不可解的了。福井谦一提出的前线轨道理论以及伍德沃德和霍夫曼提出的分子轨道对称守恒原理的建立是量子化学的重要发展。

物理化学还在不断吸收物理和数学的研究成果,例如70年代初,普里戈金等提出了耗散结构理论,使非平衡态理论研究获得了可喜的进展,加深了人们对远离平衡的体系稳定性的理解。

中国物理化学的发展历史,以1949年中华人民共和国成立为界,大致可以分为两个阶段。在20世纪30～40年代,尽管当时物质条件薄弱,但老一辈物理化学家不仅在化学热力学、电化学、胶体和表面化学、分子光谱学、X射线结晶学、量子化学等方面做出了相当的成绩,而且培养了许多物理化学方面的人才。

1949 年以后，经过几十年的努力，在各个高等学校设置物理化学教研室进行人才培养的同时，还在中国科学院各有关研究所和各重点高等学校建立了物理化学研究室，在结构化学、量子化学、催化、电化学、分子反应动力学等方面取得了可喜的成绩。

一般公认的物理化学的研究内容大致可以概括为三个方面：

化学体系的宏观平衡性质以热力学的三个基本定律为理论基础，研究宏观化学体系在气态、液态、固态、溶解态以及高分散状态的平衡物理化学性质及其规律性。在这一情况下，时间不是一个变量。属于这方面的物理化学分支学科有化学热力学。溶液、胶体和表面化学。

化学体系的微观结构和性质以量子理论为理论基础，研究原子和分子的结构，物体的体相中原子和分子的空间结构、表面相的结构，以及结构与物性的规律性。属于这方面的物理化学分支学科有结构化学和量子化学。

化学体系的动态性质研究由于化学或物理因素的扰动而引起体系中发生的化学变化过程的速率和变化机理。在这一情况下，时间是重要的变量。属于这方面的物理化学分支学科有化学动力学、催化、光化学和电化学。